ゴジラvs.自衛隊
アニメの「戦争論」

小泉悠　高橋杉雄
太田啓之　マライ・メントライン

文春新書

1480

はじめに

小泉　悠

「いやぁ、イタいなぁ」と本書のゲラを読みながらのたうち回っていた。文字になった自分の言葉がハシャいでいるオタクそのものだからである。実際、私は人生の大部分を軍事オタクとして過ごし、対談中はハシャいでいたから、そのとおりなのではあるが。

とにかく本書はこのような本である。軍事オタクである私＝小泉が、これまた当代きっての濃いめなオタクたちを相手に、様々なアニメ・特撮について語り合った。

ここで彼らの横顔について紹介しておきたい。

本書最多の登場回数を誇るのは、防衛省防衛研究所防衛政策研究室長の高橋杉雄である（敬称略。以下同じ）。いかにもお堅い肩書きに反して、サッカーから料理、写真、そしてサブカルと幅広い趣味で有名になった。休日にジャム作りをしていることをテレビで口にしてしまい、「ジャムおじさん」のあだ名を奉られたことでも知られる。

それに続くのは朝日新聞記者の太田啓之。本書の登場人物では最年長ということもあり、日本においてアニメが文化としての地位を確立するに至る歴史を直に体験してきた「語り部」的ポジションを勝手ながら割り振らせていただいた。

マライ・メントラインの自称する肩書きは「ドイツ人」であり、実際ドイツ人なのだが、その日本語表現能力は恐ろしく高い。チタン製棍棒のようなものでバッシバッシと物事を切っていくような文章にはかねてから畏敬の念を覚えており、本書の中でもその能力は遺憾なく発揮されている（なお、メントラインとの対話には時おり「神島」という人物が挟まるが、これは彼女の夫で、これがまた濃いオタクである）。

最後に、この文章を書いている私について。前述のように軍事オタクとしての人生を歩んできたが、成人して以降はもっぱらロシア軍事に関心を持ち、結局は職業となってしまった（現職は、東京大学先端科学技術研究センター准教授）。ロシア出身の妻はメントラインの友人でもある。

およそアニメの話とはかけ離れていそうなこのメンツが、それぞれ縦横に語り合ったのが本書である。取り上げたのは、『機動戦士ガンダム』、『宇宙戦艦ヤマト』といった古典的名作から、子ども時代に熱狂した『無責任艦長タイラー』に『機動警察パトレイバー』、いまだに私の精神にガッチリと癒着して離れない『新世紀エヴァンゲリオン』、もはや日本を代表する文化にまでなったスタジオジブリの一連の作品など、非常に幅広い。アニメ化はされていないが、仮想戦記作家・佐藤大輔の一連の作品も取り上げた。

他方、女性向け作品や21世紀に入ってからの作品があまり取り上げられていないのは、対話を行なった当人たちの世代や嗜好によるものである。したがって本書は日本アニメについての総説的なものではなく、現代のオタクたちが激しい熱量を注いだ特定の作品についての感情の吐露のようなものだと理解されたい。

それだけに、本書で展開される会話にはまるで手加減というものがない。私だけでなく、全員が「ハシャいでいるオタク」なのだ。専門用語、略語、内輪ネタが注釈なしに飛び交い、一般の読者にはおそらくなんの話をしているのかさえよくわからないのではないかと思われる箇所がかなり多かった（というか大部分がそうである）。編集部による念入りな註とゲラ段階での編集によって、ある程度は読解可能になっているはずだが、宇宙人の会話を側で聞いているような感覚はやはり否めない。金まで取って人様に見せていいのかと言われれば、若干自信がないのも事実ではある。

しかし、なんだかよくわからないが何かについて盛り上がっている人たちを見ているのはそれなりに楽しい。私は競馬をやらないが、行きつけの水タバコ屋にはいつも競馬の話で盛り上がっている一団がおり、彼らの話をなんとなく聞いているのは意外と心地よかったりする。聞いているうちに、「どうも競馬業界にはこんな概念があるらしいな」とか、「勝馬を見分ける指標はこういうことらしいな」などと、いつのまにか門前の小僧的な知識を得ていたりもする。アニメにもサブカルにも興味がないという人でも、本書はこんなふうにして楽しんでもらえるのではないか。
アニメそのもののファンには、もちろんその「本丸」たるアニメの話を楽しんでもらいたい。ただ、ジブリ作品からドイツ戦車の蘊蓄へ、『エヴァンゲリオン』からドイツにおける日本研究事情へと、本書の話題はしばしば飛躍する。そのすべてについて深い知識を持っている人は少ないだろう。だからコアなアニメファンもまた、「水タバコ屋の競馬話」のようにして楽しむ余地が本書にはある（といいなと思っている）。

それにしてもみんな本業を抱えて忙しいだろうに、よくも毎回これだけの時間をかけて語り合ったものである。本書に収められた対話はいずれも文藝春秋社のウェビナーとして行われたもので、１回につき2時間ほど話している。１日の仕事を終えてから長丁場に臨むのはちょっと疲れる時もあったが、話が始まると毎回あっという間だった。本書で私と語り合った面々もそうであったらいいなと思っているし、本書を手に取ってくれたあなたも同じ感覚を共有してくれるなら、この試みは大成功ということになろう。

初出一覧

第一章

「実はアニオタの３人が熱く語ったパトレイバー、
ナウシカ、エヴァ、ガンダム」

小泉悠×高橋杉雄×太田啓之
文藝春秋電子版（2023 年 6 月 23 日）をもとに加筆修正

第二章

「ゴジラ VS 自衛隊　アニメの戦争と兵器Ⅲ」

小泉悠×高橋杉雄×太田啓之
文藝春秋電子版（2023 年 11 月 29 日）をもとに加筆修正

第三章

「日独オタク対決　エヴァを語る」

小泉悠×マライ・メントライン
文藝春秋電子版（2023 年 10 月 8 日）をもとに加筆修正

第四章

「宮崎駿のメカ偏愛　アニメの戦争と兵器Ⅱ」

小泉悠×高橋杉雄×太田啓之
文藝春秋電子版（2023 年 8 月 25 日）をもとに加筆修正

第五章

「みんなで『エヴァ』を語る」

小泉悠×高橋杉雄×太田啓之×マライ・メントライン×神島大輔
文藝春秋電子版（2024 年 9 月 13 日）をもとに加筆修正

第六章

「“架空戦記”作家・佐藤大輔は何がスゴいのか？」

小泉悠×高橋杉雄
文藝春秋電子版（2024 年 12 月 21 日）をもとに加筆修正

編集協力・井出倫

第一章

アニメの戦争と兵器

小泉 悠（東京大学准教授）
高橋杉雄（防衛研究所防衛政策研究室長）
太田啓之（朝日新聞記者）

小泉 悠

東京大学先端科学技術研究センター准教授。1982年千葉県生まれ。早稲田大学大学院政治学研究科修士課程修了。民間企業勤務を経て、外務省専門分析員、ロシア科学アカデミー世界経済国際関係研究所客員研究員として2009年～2010年ロシアに滞在。専門はロシアの軍事・安全保障。

高橋杉雄

防衛研究所防衛政策研究室長。1972年神奈川県生まれ。1997年早稲田大学大学院政治学研究科修士課程修了。2006年ジョージワシントン大学大学院修了。1997年より防衛研究所。1998年より2001年まで防衛省防衛政策局防衛政策課研究室、2008年より2016年まで防衛省防衛政策局防衛政策課戦略企画室兼務。専門は安全保障論、日米同盟。

太田啓之

朝日新聞記者。1964年生まれ。東京大学法学部、教育学部卒。卒業後、朝日新聞社に入社。「週刊朝日」「アエラ」両編集部などを経て、2003年から生活部で公的年金など社会保障全般を取材。2019年から文化部で「ナショナリズムと戦争、物語」をテーマに取材。

○主な言及作品

『蒼き流星ＳＰＴレイズナー』
『宇宙戦艦ヤマト』
『宇宙戦艦ヤマト 2199』
『宇宙戦艦ヤマト 2205』
『エリア 88』
『王立宇宙軍　オネアミスの翼』
『On Your Mark』
『ガサラキ』
『風の谷のナウシカ』
『機動警察パトレイバー』シリーズ
『機動戦士ガンダム』シリーズ
『気分はもう戦争』
『鬼滅の刃』
『銀河英雄伝説』
『空軍大戦略』
『幻魔大戦』
『攻殻機動隊　STAND ALONE COMPLEX』
『この世界の片隅に』
『PSYCHO-PASS』
『ザ・デイ・アフター』
『シン・ゴジラ』
『新世紀エヴァンゲリオン』
『新世紀エヴァンゲリオン劇場版　Air／まごころを、君に』
『新世紀エヴァンゲリオン劇場版　シト新生』「REBIRTH」
『戦闘メカ ザブングル』
『装甲騎兵ボトムズ』
『超時空要塞マクロス』
『超時空要塞マクロス　愛・おぼえていますか』
『帝都物語』
『伝説巨神イデオン』
『トップをねらえ！』
『ふしぎの海のナディア』
『FUTURE WAR 198X 年』
『北斗の拳』
『マクロス７』
『マクロスプラス』
『マクロスＦ（フロンティア）』
『未来少年コナン』
『無責任艦長タイラー』
『メガゾーン 23』
『レイド・オン・トーキョー』

『宇宙戦艦ヤマト』の多層式空母と空母「赤城」

小泉　今回、いろいろな作品のプラモデルを太田さんが持ってきてくださったんですよね。一番思い入れがあるのはどれですか？

太田　やっぱり多層式空母ですかね。『宇宙戦艦ヤマト』の空母で、このプラモはリメイク版の『宇宙戦艦ヤマト２１９９』に登場する「バルグレイ」ですね。僕は『宇宙戦艦ヤマト』が原点だから。このキットからも作り手の執念みたいなものを感じます。

高橋　このプラモデルを見ると、これ、搭載する飛行機と艦艇のそれぞれの縮尺が映像版と違うんじゃないかな。たぶんもうちょっと飛行機が大きかった気がする。

太田　演出で大きさが変わることもありますからね。これいちおう３種類、全部買ってあるんですけど、ひとつ作ったところで力尽きました。

高橋　僕はもともとアニメのプラモデルあんまり作らないんですよ。作るのは『超時空要塞マクロス』の「バルキリー」のファイター形態だけ。他はちょっとデフォルメされた感じがして、作り物っぽくなっちゃうんで。

小泉　僕も全然アニメのプラモを作らない。もっぱら７００分の１の帝国海軍艦艇か、72分の１で、ちまちま飛行機を作っているんですね。

高橋　えー、小泉さん戦車じゃないの？

小泉　戦車は不思議と作ったことがないんですよ。小学生のころに74式戦車のプラモデルを作ったことがあるだけですか。なぜか戦車にあまり惹かれなかった。

高橋　今では想像ができないような……。

小泉　いや今でも、「あなたは軍事オタクの中の何オタクですか？」って聞かれても「戦車オタクです」とは言わないですね。

高橋　あ、そうなの？　ロシア軍、ソ連軍といえば戦車じゃないですか。

小泉　だいたいのソ連軍オタクは戦車大好きで、T－34ですよね。最近T－72ソムリエも出てきて、あの複雑怪奇なバリエーション展開を全部把握しているばかりか、ひと目で識別までできる。僕はとうてい無理ですね。Su－27シリーズとかだったら、網羅して言えますが（笑）。

太田　フランカー系列ですね。モデラーとしての腕も相当だとお聞きしていますが。

小泉　いえいえいえ、僕はコロナ禍の時に暇で暇でしょうがなくて、20年ぶりにプラモデルを作った。でもそれもまた、ウクライナ戦争以降忙しくなっちゃって作れてないですね。ちなみに多層式空母を軍艦オタク的に見るとやっぱり初期の日本海軍の空母「赤城」をリスペクトしているように見えるんですが、よく見ると四段なんですね、これ。上にもう一層あるから。

太田　そうなんです。四段なんですね。

米海軍の航空母艦「ジェラルド・R・フォード」。飛行甲板上には、艦の進行方向に対し斜めのものとまっすぐなもの、2本の滑走路が配置され、発着艦が同時に可能。

小泉　これは何分の1っていう設定なんですか？

太田　これ1000分の1の統一スケールで展開していたんです。だからヤマトはもっと小さいんですよ。

小泉　そうですよね。実物の「大和」を掘り起こして宇宙戦艦にしたという設定[1]だから。

高橋　こういうのを作るとき、兵器っぽさだけじゃなくて、ちゃんと運用まで考えてほしくて。多層式空母というのは同時発着艦ができるところにメリットがあるので、最上甲板がアングルドデッキである必要はないんですよね。

小泉　「アングルドデッキ」というのは、わからない方のためにいうと、空母の発着艦用の甲板に斜めにズラした滑走路のことです。

高橋　斜めの部分がないと着艦する時に甲板上を全部クリアにしなきゃいけないので、同時発着艦するために斜めにしているんです。でも、多層で飛行甲板が複数あれば最上甲板で着艦して下の甲板で発艦できるから、運用上アングルドデッキは必要ないはず。

小泉　たとえばこの軍のドクトリンとして、作戦初期段階においてものすごいたくさん……。

高橋　あ、つまり5個のカタパルト全部を使って……！

小泉　ええ、集中的に艦載機を射出するということに何か価値を置いているならばアリかと。もうひとつ気になるのは、この空母のエレベータがめちゃくちゃでかいんですよ。戦闘機のサイズからすると、どう考えても1機の戦闘機の上げ下ろしには、こんなに大きなエレベータはなくていいはずなんですよね。これはいったいどういうドクトリンでこの大きさのエレベータにしているのか？

高橋　それはたぶん……、雷撃機とかも使う場合があるということかな？

太田　これは現実にはありえないんだけど、劇中では第1空母は戦闘機、第2空母は急降下爆撃機、第3空母は雷撃機だけを積んでいて、雷撃機はかなりでかい。で、このでっかい雷撃機の大きさで共通化されているってことですかね。

小泉　だからこんなでかいんだ。

太田　ただ、この第1空母の「バルグレイ」は艦載機の小型ミサイルだけでやられちゃうんですよね。

小泉　ダメージコントロールに問題があるのでは（笑）。

太田　やっぱり空母ってモロいよねっていう演出のためでしょうね。再現しようとしているのが、基本的に第二次大戦の空母戦なんですよ。だから戦いの舞台となる「七色星団」では、レーダーが使えず、有視界で戦闘せざるをえない、という設定にしている。そこらへんのこだわりっていうのが観てて泣かせるところで。

ザクしか出すつもりがなかった『ガンダム』のリアリティ

小泉　それでいうと『機動戦士ガンダム』でミノフスキー粒子というギミックが導入されたのは、天才的だと思うんですよね。

太田　富野（由悠季、当時は喜幸）さんは１９７４年の『宇宙戦艦ヤマト』のたしか第４話の絵コンテも描いているんですよ。

小泉　あ、そうなんですか。

高橋　そうですね。

太田　それで一回だけやったけど、こんなにいい加減なアニメをＳＦとか戦記物とか呼ばせたくないと激怒して降りちゃったらしいんですよね。

小泉　めんどくせー（笑）。想像がつくめんどくささ。

太田　だから『ガンダム』の時は戦争を正面から描こうっていう強烈な意志があって。それでも商業的にはロボットを出さなあかんというところで、じゃあどうやってロボットにリアリティを持たすねんという点で考えたのが、ミノフスキー粒子というのがまずひとつ。そのうえで、結果的には途中から変わっちゃったんだけど、ジオンのモビルスーツは「ザク」しか出すつもりがなかったらしいんですよ。

高橋　それはもう『装甲騎兵ボトムズ』の世界ですね。

太田　そうなんですよ。最初から最後まで「ザク」だけでやるつもりだったらしい。

高橋　まぁ、戦争の期間が1年しかないから。

小泉　連邦軍側はじゃあ、何が出るんですか？

太田　連邦軍側はたぶん、途中から「ジム」は出すつもりだったんじゃないかな。ガンダムが試作型で、その後に量産型が出るっていう。

小泉　本当は量産兵器同士で戦う戦争にしたかったと。

太田　「モビルスーツ」とか言ってるけど、「巨大ロボット」を兵器に見せかけるために何が必要なのかを考えたんですよね。だから最初から補給の問題とかもものすごくやっていて。

高橋　「敵の補給艦を叩け！」。第3話？

太田　そうそう。シャアが十分な補給を受けられないことに不服を言おうとするんだけど、上官のドズルに「現状を考えるんだ」「十分な戦力で戦える昔とは違うんだぞ」と叱られる。

今日はプラモで、『機動戦士ガンダム サンダーボルト』に登場した「サイコ・ザク」、高機動型ザクの最新バージョンを持ってきましたけれども、これだったらありえると思うんですよ。第二次大戦でドイツがメッサーシュミットBf－109[2]を、B型、C型、E型と改良して、8年間かけてK型までいって、初め470キロだった最高速が、最後は700キロを超える。同じ基本設計の機体を徐々にバージョンアップさせていく。ザクもどんどん改良していって、最後のほうにはとんでもないバージョンが出てくるならばわかるんだけど、やっぱり途中から「ドム」とか「ゲルググ」とかいっぱい出てくるのは、ちょっとなかなか（笑）。

小泉　たった1年で！（笑）　でもあの出方も第二次世界大戦っぽい。みんな戦前とかに開発が始まってはいるんだけど、やっぱり戦争になってみると、最初はバッファロー[3]とか冗談みたいな戦闘機しかなかったのが、ライトニング[4]が出てくる……みたいな。

高橋　特に負けているほうは訳のわからないものを作ってくるわけですよ。ドイツで言えばBf－109だけじゃなくてFw－190[5]、その後Ta－152[6]があって、Ta－183[7]までいこうとするわけですから。日本も戦争終盤の迎撃機は、何種類もあるじゃないですか。

太田　窮するといろいろ作りたくなってきますよね。

小泉　途中で雷電[8]に斜め銃を付けてみたりとか、そのへんも窮余の策みたいで。

太田　苦しい感じがね。負けている側っていうのはどうしても出てきますよね。

冷戦期のソ連の設計局は仲が悪いだけ

小泉　やっぱり僕は冷戦を戦ったソ連の兵器の変さっていうのはわりとそれに近いものがあると思う。今の世界史の中では、なんとなくソ連とアメリカは対等でやってました、というふうに見えるんだけど、現実にはどう考えてもソ連のほうが苦しいわけですよ。

太田　当時はわからなかったですよね。ソ連も苦しいというのは。

小泉　僕は生ではソ連を見てなかったんですけど、たぶん当時の日本人から見たら、ソ連は仰ぎ見るような大国だと思っていたわけですよ。海上保安庁のＯＢの方が言うには、昔、日本海でソ連船を臨検に行くと、いろんなものをくれるんだそうです。臨検後に船を離れる時に、舷側のところからソ連人が「オーイ！」とか言って、サラミソーセージとかをバンバン投げてくれる。これを切って食ってみたらうまかった。たぶん、本物のヨーロッパのサラミソーセージを当時の日本人て、あまり食べたことがなかったんじゃないですかね。で、やっぱりソ連ってのはすごいなと思ったんだけれども、あとになってソ連が崩壊してから、向こうの沿岸警備隊の連中の苦しそうな感じとか、初めてこっちは知ったと言ってましたね。そうそう、ソーセージと言えばフルシチョフが「ＩＣＢＭをソーセージのように量産して見せるんだ」って言ったのが、１９６０年代ですよ。で、その時のソ連のジョークとして、「なるほど、だから売ってないのか」ってのがあるんですけど（笑）。

高橋　西側からすると、さっきの多種類の兵器の話に近いんですけども、ソ連が3種類のICBMを作っているのは、それぞれ別の運用思想があって……っていうふうに西側では見てたわけですけど、冷戦が終わって調べてみたら、単純に設計局が3つあって、それぞれに仕事を与えるためだけだったという、非常に官僚主義的なことだったとかね。

小泉　仲悪いんですよ、みんな。ロケット設計者は[9]。かの「大コロリョフ」がいて、昔はコロリョフの上司だったグルシュコがケンカ別れして、ヤンゲリとか、あとチェロメイとか。そいつらが、みんなそれぞれ大ゲンカしながらICBMを作っているっていう。アメリカ人が見ると、なんかすごい思想があるに違いないと思うんだけど、内実はめちゃめちゃ人間くさかった。

高橋　じゃあ一方でアメリカのセンチュリーシリーズ[10]、あのテイタラクもどうなんだって話だけど。

小泉　僕、この前ハワイに行ってアビエーションミュージアムに行ったんですが、F－105サンダーチーフをまじまじと見て、めちゃくちゃソ連機くさいぞって思ったんです。

高橋　わかる気がする。

小泉　センチュリーシリーズっていろいろあるにしても、あの時代としては信じられないテクノロジーを詰め込んだものでシュッとしてる。なんでサンダーチーフだけこんなに垢抜けないのかなと思って調べてみたら、F－105の主任設計官ってグルジア人なんです。

高橋、太田　（笑）。

小泉　今はジョージアと呼ぶんですが、移民したジョージア人だったんです。

太田　サンダーチーフっていうのはベトナム戦争で一番酷使された飛行機ですよね。一番たくさん爆撃して、半分以上が失われて、という汚れ役をやったワークホースで。でもかっこいいですよね。真ん中がシュッと（くびれて）、あれ何ラインっていいましたっけ？

小泉　エリアルール[11]ですかね。コーラの瓶のような形。

太田　効果あるんかいな？　って気もするんですけど。

高橋　『エリア88』でグエン[12]が死ぬ場面が非常に印象的で……。

太田　グエンはあれベトナム人なんですよね。

高橋　そうそう、元南ベトナム軍人。

太田　そうか、そういうご縁でF－105か！　新谷かおるさん、わかってるなぁ。

小泉　F－105は遠くから見るとものすごく流麗な飛行機に見えるんですよ。初めて生で見たら全然印象が違っていました。プラモデルも作ったことがあって。でもアビエーションミュージアムでF－105見たら、なんかめちゃくちゃソ連機っぽかった。

高橋　なかなか実機見られないからね、あれ。やっぱグエン機のマーキングみたいに、トラに塗ってほしい（笑）。

小泉　太田さんはリアルタイムで、ベトナム戦オタクになった世代ですか？

太田　僕が子どもの頃、4歳から5歳ぐらいの時に航空機の図鑑を親父から買ってもらった。そうしたら、ベトナム迷彩のファントムが載っているわけですよ。そんな戦争のにおいが子ども向けの図鑑からも漂ってくる。そういう世代でしたね。

北部ベトナムでの作戦のため空中給油中のF–105D。中央がへこみ胴体平面形がコーラの瓶に似た特徴的なシルエットを持つ。

小泉　僕の両親が70年に大学入学だから、ちょっと遅れてきたベトナム反戦世代みたいな感じで、あの迷彩に特に強い拒否感を示すんですよ。あのタンと緑色と黒の迷彩を見ると、自動的に北爆[13]の記憶が蘇ってくる。僕は湾岸戦争より後の世代の軍事オタクだから、米軍機といえば灰色一色のロービジ（低視認性）迷彩のイメージなんですよね。表面も艶消しでなんか不気味なイメージがあり、それがまたいかにもアメリカの軍事力の象徴という感じがしました。しかも湾岸戦争は精密誘導兵器が注目された戦争だったから、ベトナム戦争の時の無差別爆撃や枯葉剤のイメージとは余計に結びつきにくかったんです。

太田　なるほど。

小泉　だから僕の中では戦争とか兵器というのはハイテクの粋を凝らして精密にやるってイメージだったんです、ロシア軍事の勉強をするようになる前は。でも結局、今回のウクライナ戦争を見ていると、めちゃくちゃ原始的な戦争ですよね。ハイテクも使うんだけど、全体的には非常に野蛮な暴力を行使したり、数の力で勝負をつけようとしている。

太田　さっき『エリア88』の話が出ましたけど、ウクライナの戦場に世界中の最新鋭の戦車が集まって、リアル『エリア88』がとうとう始まったかってびっくりしました[14]。

高橋　ウクライナでは、Ｆ-16の義勇兵パイロットを募る話も出てましたね。

『パトレイバー2』のGCIとの通信シーンのリアル

小泉　Ｆ-16といえば、『機動警察パトレイバー2 the Movie』に出てきた「Ｆ-16改[15]」なんですけど……。

太田　はいはい、これですね（プラモデルを取り出す）。「Ｆ-16改ナイト・ファルコン」と「Ｆ-15Ｊ（改）イーグルプラス」。それぞれＦ-16とＦ-15の架空の改良版で、ある程度のステルス性能も持たせた機体です。物語の中で重要な役割を果たします。

高橋　この時はまだ名前決まってなかったんですよね。ＦＳ－Ｘ（次期支援戦闘機、現在の航空自衛隊Ｆ－２戦闘機）の。

小泉　だから劇中では自衛隊の戦闘機は「Ｆ－16Ｊ」なんですね。

高橋　この頃は名称について、「Ｆ－２」になる説と「Ｆ－16Ｊ」になる説とがあって、「Ｆ－16Ｊ」が有力だったんですよ。

小泉　「そしてここからが本題ですが、自衛隊はこのタイプのＦ－16を装備していない」（『パトレイバー２』劇中セリフの口真似で）

高橋　おお、劇中のセリフ（笑）。

太田　要するに画像をいじっているんですよね。自衛隊のＦ－16Ｊに見せかけているんだけど、たまたまカラオケ用のビデオ撮影中に映っていた機体を解析したら、どうも自衛隊の装備しているＦ－16Ｊじゃないと。

小泉　画像解析が進んで、ピーピーピーピーとだんだんここの部分が拡大されて……。

太田　尾翼がカットされてて、主翼の平面形も異なる。エンジンもベクタードノズルが付いていることが判明してきて、最初は自衛隊の部隊反乱かと思われてるんだけど、これがカギになってくる。

小泉　これは高橋先生の今日お持ちいただいた……。

高橋　レーザーディスク版のパンフレットですね。

小泉　これ、すごいのが、あの軍事オタクみんな大好き「幻の空爆」のシーンで流れる、インターセプト（邀撃《ようげき》）の無線通信が全部載ってるんですね。

太田　ちょっとだけ解説すると、自衛隊の防衛システムがハッキングされて、実際には飛んでいない飛行機が東京の上空に侵入しつつあると誤認してしまうシーンですね。それに対し、自衛隊のF－15J（改）が、幻の敵を追ってスクランブルするという非常に緊迫した場面で。この場面、小泉さんはソラで全部言えるとか。

小泉　言えるんですけど、前、空自の人たちと飲みにいった時に、僕酔っ払ってテンション上がってこの話を始めたら、じつはその場にいた人がほとんどGCI(16)出身で。「やって見せてよ」って言われてやったら、……「ウチはそういわないかな」って。針のムシロ（笑）。このシーンで僕が本当に天才だと思うのは、東京コントロール(17)が、「民間機を全部大阪に回せ！」といっているところですね。なるほどね、東京上空でこれ始まったら民間機の避難ってあるよね、と膝を打ちました。ここまで突っ込んで「有事」を描いたアニメはあんまりなかったと思うんですよね、当時。

高橋　で、しかもそこは自衛隊からの連絡じゃなくて、自前のレーダー見て。

小泉　自前のレーダー見て判断してるんです。あのシーンは「官」の戦争に対して「民」はこう戦うのか、と思いました。すごいシビれましたね。

トルメキアのバカガラスはMe-321ギガント

――小泉さんからベスト戦闘シーンを3つうかがえませんか。

高橋　ベスト3って……拷問ですよね（笑）。

小泉　どれも選びがたいけど、間違いなくひとつはこの『パト2』の幻の空爆、インターセプトシーンと、もう一個挙げるとすれば、『新世紀エヴァンゲリオン』のヤシマ作戦ですかね。

高橋　劇場版のやつってこと？

小泉　ああ、劇場版もよかった。でもテレビ版で。日本中の電力がガーッと集められて、NERV《ネルフ》の工廠がポジトロンライフルを大急ぎで改修するシーンとか、エンジニアリングに対する憧れみたいなものをめちゃめちゃ満足させてくれたシーンだなと。

太田　なるほど。

小泉　あとはなんですかね、難しいな。あとあえて挙げるとすると、『風の谷のナウシカ』のトルメキアが攻めてくるシーン。

高橋　コミック版？

小泉　コミック版もいいんだけど、アニメ版で「コルベット」がガーンと入ってきて、後ろに「バカガラス」（輸送機）がグワーンと降りてくる、あのシーンが。しかもまぁ、バカガラスってあれ、ギガント[18]じゃないですか。どう見ても（笑）。ナウシカの風の谷の城に入ってくる戦車が、どう見ても、Ⅲ突（Ⅲ号突撃砲[19]）とかね。やっぱもう思いっきりドイツ軍マニアのところが隠しきれずに出てしまっているというところも。なんだか散々いろいろなこと言ってるんだけど、結局好きじゃねぇかオマエって（笑）。

高橋　『雑想ノート[20]』系ね。

太田　たしかにね。『ナウシカ』以前の作品である『未来少年コナン』のギガントは特にモロですからね。

小泉　小林源文先生の『レイド・オン・トーキョー』には、ソ連軍に占領された日本に、イリューシン76[21]が翼を連ねて並んでいるシーンが出てきます。なぜかあのシーン、あの構図に僕は萌えてしまう性癖があるんです。

太田　バカでかい機体が何機も並んでいるとグっときちゃう。

小泉　そのイリューシン76の後部貨物扉から、Mi-28[22]を下ろしていて、パイロットが煙草を吸いながらそれを眺めている。あのシーンがカッコよかったんですよ。

太田　ちょっと話を戻すと、あのトルメキアの冒頭のシーンについては、風の谷くらいの小国を空挺部隊で一気に攻め落とすというのはよく考えられている、ということを、じつは庵野秀明さんも言っていたんです。そのあたりとか高橋さんどうご覧になりましたか？

高橋　私じつは、アニメ版の『ナウシカ』観てないんです。

太田　そうなんですか。

高橋　僕の世代のアニオタって、むしろちょっとジブリに距離を置くんです。サンライズのロボットアニメを観ていたので、どちらかというと普通の人たちが観るアニメに距離を置きたくなる。『北斗の拳』とか、「ジャンプ」系のものもちょっと距離置くし。そうじゃねぇ、オレは、オレたちは、原作のついていないロボットアニメを観るんだ！　と。

小泉　なるほど。で、しかもOVAまで買うと。

高橋　そうそうそう。『ガンダム』であり、『パトレイバー』であり、『(蒼き流星SPT)レイズナー』でありね。なので私は『ナウシカ』はじつはコミック版から入っていて。コミック版の後で、みんなが「観ろ」って言うからちょっと劇場版を観ようかなと思ったけど、話が全然違うじゃないですか。土鬼《ドルク》(23)が出てこない時点でダメだ！　と。

――高橋さんが当時の月刊「ニュータイプ」をお持ちくださっています。

高橋　これが『劇場版パトレイバー2』の時の！

太田　わざわざ持っているところが（笑）。

高橋　1993年9月号。30年前ですね！
太田　ご自分で買ったやつですよね。
高橋　もちろんです。93年というのがいわゆるPKO法が成立した年の翌年で、『パトレイバー2』は、東南アジア某国に派遣されたPKOの自衛隊が攻撃を受けて反撃ができずに一方的に撃破されるところから始まって……。
太田　専守防衛を貫けと言われて。
小泉　「カナダ隊が急行中！」（劇中のセリフ）
太田　やっぱり全部覚えてるんだ（笑）。
小泉　だから物語の冒頭がまさにそういうシチュエーションなわけですよね、柘植《つげ》(24)がね。
高橋　そうそう、その指揮官の柘植が現代日本社会にある意味の復讐をしようとする話で。これ個人的には、10年後のイラク戦争の時に、2004年から陸上自衛隊が派遣されるんですけれども、よく知っている人が最初の派遣部隊に入っていて、その時やっぱりこの作品を思い出すわけですよ。かつ、本作で描かれている東京が襲撃される場面について、これはクーデターではなく、首都を舞台に「戦争という時間を演出する」テロであるということを後藤隊長が看破するわけじゃないですか。ちょうど私がアメリカに住んでいたのが9・11の1年後からで、そこにおけるアメリカのワシントンのトゲトゲした感じというのかな、普通に空港にM16（小銃）を持った兵士がいるような状態というのが、『パトレイバー2』で描かれている東京を思い出させるものがあって、その時英語版も買ったんです。都市生活の日常の中に戦争が入り込んでくるものを、すごく深く強く描いた作品だと思います。

小泉　まさに戦車がいるガード下のシーンとか、関東に住んでいる人間が見れば、「ああ、東京のここだな」とかわかるところに自衛隊が出てくる。しかも30年前の日本だから、まだ心理的に自衛隊がどこか遠くにいるような感覚の日本人がこれを見るってのは、本当にショックだったんだと思うんですよ。その意味で、押井（守）さんの意図は見事に成功したと思うんです。でもですよ、そこで「どうかな？」と思うのは、この「ニュータイプ」の表紙になっていますけども、この押井版パトレイバーの野明《のあ》（主人公・泉野明）のかわいくなさをどう評価するかということなので……（笑）。

高橋　これがテレビ版の野明（テレビ版ページを見せる）。

小泉　やっぱり！　もう、こんな愛嬌のない顔をした野明は……。僕は最初テレビで『パトレイバー』を観ていて。その後マンガも親に買ってもらって読んで、元気でかわいらしい野明という刷り込みがあるんです。だからこれを観た時に、「なんだこの暗い沈み込んだ野明は！」となりました。

高橋　『パト2』が「クーデターもの」らしいという話が伝わってきて、当時ですね。クーデターと言えば、OVAの「二課の一番長い日」があったわけです。「二課の一番長い日」は後藤さんと事件の首謀者の甲斐が学生時代同志の関係。だからクーデターものって聞いたときに、また甲斐が出てくるのかな、と思っていたんだけど、いや今度は南雲さんらしいという情報だけで、『パト2』を観たんですよね。

「イングラム」ナンバープレートとペイントの日常との地続き感

小泉　『パトレイバー』について、ちょっと最後言わせていただきたいのは、私は小学生くらいの時に『パトレイバー』を観ていて、本当にショックだったんですよ。何がって言うと、まずイングラムにナンバープレートがついている。で、腕の防盾に「警視庁」と書いてある。こんなメカ見たことないわけですよ、当時。僕なんかひねくれた小学生で、ロボットアニメなんか子どもっぽくて観れねぇぜと思ってたら、ナンバープレートはついているわ……。

高橋　四菱重工とかね。

小泉　そう、四菱重工ですよ！　さらにあのほら、太田の2号機が壊れて、部品が来ないから試作品の頭付けてとか。本当は2体を見分けられるようにするための作劇上の演出なんだろうけど、そうか、部品が壊れたらそんなすぐ直んねぇんだ！　と衝撃を受けるわけですね。「役所の備品を壊すとどうなるか」を初めて学んだのが、あの時かもしれません（笑）。あとは当時テレビがブラウン管の時代で、テレビ画面にビービーと走査線が入るじゃないですか、あれをアニメの中でわざわざ描いているんですよね。あれを観て、そうか〜！　このリアルへのこだわり〜!!　みたいなところでもうめちゃくちゃ感動して。小5か小6の時にマンガ版の『パトレイバー』を買ってもらって。遊馬の実家で汚職!?　ヒーローメカにそういうのあり？　みたいなところに、本当にしびれました。

高橋　ただ、ある意味で僕は『パトレイバー』がリアルロボットアニメを終わらせたと思っていて、実際には終わってないんですけど、象徴的な意味で。もうリアルさは行くとこまで行っちゃったので、これ以上リアルには絶対描けないわけですよ。だから実際「ガンダム」シリーズが、『Gガンダム』を出すんですよね。方向性を変えざるをえない。その流れで『マクロス』（『マクロス7』）が戻ってくる。雨後の筍のようにリアルロボットが林立していた時代が終わって、そこからまたヒーローロボットに帰ってくる。そのきっかけが『パトレイバー』だったんじゃないか。

太田　リアルにもいろんな意味があって、『ガンダム』のリアルさとか、『ボトムズ』のリアルさとか少し違うわけじゃないですか。『パトレイバー』はやっぱり日常と地続きっていうのを狙ってる。だから「イングラム」のデザインが最初にあったわけじゃなくて、まず防盾と背中に警視庁って書くぞと。ナンバープレートも付けろよ、というところからデザインして……。

高橋　パトライトも付けろと。

太田　支援車両もちゃんと付けろよみたいなね。

小泉　マンガ版で、「グリフォン」[25]が初めて晴海に出てくる時、南雲さんの第1小隊が包囲しにいくんですけど、南雲さんあの時、ちゃんとレイバー運搬用のキャリアを戦力に数えてるんですよ。こっちのレイバー2機とキャリア2台を相手にして、まだやるかみたいなことを拡声器で言うんですけど、キャリアだってぶつけりゃちゃんと戦力になるじゃんと。

高橋　相手が飛べないという前提だよね。

小泉　たしかに、実際には飛んで千葉沖に落ちちゃったからアレなんですけど、あそこはリアルだなあと。

太田　あそこで「グリフォン」を出したのはうまいなと思うんです、作者のゆうきまさみさんが、やっぱり日常と〝リアル〟だけでは話が盛り上がらないと考えたんでしょうね。グリフォンはどう見てもスーパーロボットじゃないですか。

小泉　飛ぶのはね（笑）。

高橋　たしかテレビ版は最初、「ファントム」[26]で終わらせるはずだったんですよね。放送延長が決まって、コミック版の「グリフォン」も入れることになったはず。

太田　リアルだけで押していくと、どんどんつまんなくなっていく。この前も高橋さんとお話したんですけど、アニメじゃないけど、映画『空軍大戦略』とか。

小泉　「バトル・オブ・ブリテン」（英本土航空決戦）をそのまま……。

太田　そのままやってるけど、やっぱりあれはおもしろいかというと……。

高橋　観るのは一回でいい（笑）。

太田　よく知られた有名なエピソードを並べていて、うれしい人はうれしいかもしれないけど、映画としてはどうやねんと。特にアニメでそういう時にリアルと、リアルじゃないというのをどういう塩梅で混ぜるかっていうのはすごい腕の見せどころですね。その点で富野さんがめっちゃすごいなと思うのは、『ガンダム』のソロモン攻略戦ですね。特にリアルで観ていた人たちは、あそこでモビルアーマーの「ビグ・ザム」ではなく、「ジム」と「ボール」に痺れたわけです。「ガンダム」の量産型の「ジム」はすごいけど、「ボール」はも

海上自衛隊第二航空群基地でのイベント時に、PRのため設置された実寸大パトレイバー。レイバーキャリアも再現されている。　撮影：編集部

っとすごいなと思って。数が足りないから作業用ポッドに大砲つけて、そのまま出せ！　みたいな。

高橋　さらに割り切って「パブリク[27]」という……。

太田　まさに今ウクライナで起きているような感じじゃないですか。なんでも使えるものを出しちゃえみたいな。

小泉　ピックアップトラックの背中にロケット砲つけちゃえ！　みたいな。

高橋　富野さんの『ガンダム』って、なんでこの戦いが起こっているのかっていうのはちゃんとわかるんですよね。『ファーストガンダム』ももちろんそうだし。『機動戦士Zガンダム』だって、当初は通商破壊戦をやっていたエゥーゴが、ジャブローを強襲した後には、コロニーレーザーをめぐる大規模戦闘になって、敵味方の戦力が集まってきて決戦になる。そういう戦略的文脈がちゃんと描かれていて、なんでこの戦いが起こっているのかがわかる、というのが私は見ていて、イライラしないんです。

小泉　やっぱりイライラするんですね？　それがちゃんとしていないと。

高橋　だって僕はさ、『シン・ゴジラ』の核弾頭の名前が間違っているのだけでも、けっこうそこで集中力が切れちゃう（笑）。

小泉　『シンゴジ』の核弾頭？

高橋　米側がＩＣＢＭでゴジラを撃とうとしていて、これを「Ｂ－83」弾頭って言っているんだけど、その名前だとＢ－2爆撃機用の弾頭だから、ちょっとそれＩＣＢＭじゃないからって。そこから後はもう……。

小泉　頭に入ってこなくなっちゃう。

高橋　ちゃんと調べてくれ、なんなら聞きにきてくれと（笑）。

小泉　監修：高橋杉雄、みたいな。

太田　庵野さんはだいぶいろいろ聞いたみたいですよね。

高橋　タコ部屋の椅子とかはすごくリアルですよ。タコ部屋っていうのは内閣官房に作る準備室ですね。椅子とか机とかめちゃくちゃこうリアルで。

小泉　すごくいいなと思ったのは、「巨災対」（劇中のゴジラ対策部署、巨大不明生物特設災害対策本部）が作られて真っ先にやることが、コピー機の運び込みじゃないですか。で、総理に見せる説明資料が、本当に役人が作る説明資料のフォーマットになってる。あと巨災対のメンバーはいろんな役所から集められてくるんですが、彼らはまず名刺交換することから始めるんですよ。これがもうたまらない。ああいう非日常の中の、でも本当に我々こういうことやるよねっていうの、めちゃくちゃしびれるんですよね。

太田　日常感覚の出し方、『シン・ゴジラ』はそのへんがやっぱりすごいなと。椅子についているシールまでこだわったそうですから。

高橋　そうそう。だから僕ら役人仲間で観にいったんですけど、あれ本当にああいう椅子使うよね、そうだよねっていう、そこらへんは全然違和感がなく。

小泉　僕、一回西部方面隊の演習を見学させてもらったことがあって、師団ＣＰ（戦術指揮所）の中まで入れてもらったんですけど、「タバ戦闘団（ゴジラと対峙した自衛隊の戦術単位）だ！　タバ戦闘団の司令部だコレ、すげえ！」と思った覚えがあります。本当にこうなっているんだみたいな。町内会なんかで茶話会やる時のあの茶色い長机あるじゃないですか。ああいうのを本当にこの師団の司令部に並べて、上に地図広げて作戦会議してんですよ。「お、おんなじだぁ」と思って大感動。

高橋　でも品川でヘリがアボート（攻撃中止）したのは理解できない。問い合わせを大臣にまで上げたのもわかんない。そもそも命令として「民間人がいないことを確認して特殊生物を排除せよ」とかそんなふうになっているはずで、民間人がいたらその時点で別に上に聞かずに武器使用は止める。民間人が退避して、その時点で作戦行動を開始するはずで、そうでなければ防衛出動命令を出している意味ないんですよ。

太田　なるほど。あそこで首相に問い合わせがきても……。

高橋　そのこと自体ありえないです。命令の段階でＲＯＥ、つまり武器使用基準が下りていて、いつなら使って、いつなら使っちゃいけないと決まっているはずですから。あんなヘンな命令書かないですよ、うちの役所（防衛省）は。

太田　そこでまた気分が盛り下がったんですか？

高橋　そこはその後同僚たちと盛り上がったので（笑）。

小泉　あれは違うと（笑）。

太田　そこで庵野さんの弁護をするとすると、やっぱり作劇上は……。

高橋　そうそう。日本の自衛隊は後方にお伺いを立てないと何もできないとみんな思っているから、それを戯画化した場面ではあるんですよ。

太田　自衛隊というのもあると思いますけど、要するに味方を犠牲にできない……。

高橋　それは当たり前ですよ。民間人がいたら撃っちゃだめですよ。でも、避難を確認したら撃っていいんです。そこでアボートするというのはない。

太田　でも、ロシアとかなら撃っちゃうんじゃないですか？

高橋　それはどういう命令が下りているかによります。「犠牲を顧みず排除しろ」という命令が下りる可能性はあるし、「民間人の避難を確認して撃て」という命令もありうる。これがいわゆるＲＯＥなんですよ。

太田　ただ、あの場面で撃っていたら、ゴジラを第3形態の段階で倒せたかもしれないじゃないですか。あの後、バカでかくなって再びやってくるので。だからそこらへんはかなり『パトレイバー2』じゃないけど、「専守防衛っていうのをどういうふうに君たち見てるんですか?」っていう、いい悪いじゃなくて、庵野さんの問いかけはすごいと思うんです。

高橋　ただ、正しく批判してほしいんですよね。『パト2』で柘植の部隊が壊滅した時は、ＲＯＥ上「自己防衛のためにしか発砲できなかった」わけです。一番威力のあった火器が照明弾ですからね。なのであれはそんな間違ってない。

太田　やっぱり決定的な違いがあるわけですね。

高橋　大きな違いですよ。

小泉　初動で動けないから、危機が雪だるま式に拡大していってしまうという、そういう演出にしたかったわけですね。

軍が民間人を守る話の魅力

——高橋さんのベスト3をうかがってもよろしいですか?

高橋　純粋な個人の好みで言うと、ちょっと基準が変わってくるんですけど、「アニメと戦争」というテーマでいくなら、最近すごく気に入っているのが『宇宙戦艦ヤマト２２０５』の、イスカンダルに不時着しているガミラスの移民船団を救出しようとする場面。地球・ガミラスの連合艦隊が瞬間物質移送機を使って艦載機を送り込んで陽動して、イスカンダルの軌道上にいる敵艦隊を引きつけてから、次元潜航艇隊が救出にいくというところですね。民間人の避難を軍がやるっていうのをバシッと描いた作品ってあんまりないのでいいですね。『銀河英雄伝説』のエル・ファシル編[28]なんかそうなんですけど。実際の戦争ではそこまできれいごとではなくて、軍が民間人を見捨てたシーンはいくらでもあるわけです。けれども、バトルの演出もいいんですけど、「10万人の避難民を救い出すまで我々は撤退しないんだ」ということが描かれた作品だというのは、好きですね。あと、『２２０５』の監督って、もともと『マクロス』をやっていた人だから、飛行機がすごく飛行機らしく飛ぶんですよ。このほかだと、『マクロスＦ（フロンティア）』のテレビ版最後の戦い。……あ、あれ？　『マクロス』の話ってどれぐらいネタバレしていいんだろう？

小泉　どこまでも言って大丈夫ですよ。

高橋　『マクロスプラス』では、次期戦闘機の採用が争われて、結局無人機が採用されるんです。で、その無人機が自律型ＡＩで反乱を起こす。その無人機に対して有人機のパイロットが戦いを挑む作品なんですが、反乱を起こした結果、封印されるわけですよ。その封印されたＡＩのプログラムが『マクロスＦ』の最後の戦いで再起動される。再起動されて、敵側の無人機と戦う。無人機と無人機と、無人機と有人機の戦いがあって、そのへんが今の無人機をめぐる問題、議論の中では非常に野心的なテーマとして感じられるなと……。第3はどうしようかな？『FUTURE WAR 198X年』の、核を使う場面もいいんですけど……。

太田、小泉（笑）。

高橋 ま、劇場版『超時空要塞マクロス 愛・おぼえていますか』にしよう。最後、ゼントラーディとメルトランディが戦っているところで、「マクロス」はどうする？ みたいなところで最後に歌を歌ったら、その歌に敵のクローン兵士が反応して、その相手の大ボスを倒す流れの展開のところが……、ああ、これだ！ これですよ（宇宙をバックにリン・ミンメイの歌う姿が浮かぶ作品ジャケットを見せる）。

小泉 宇宙空間に投影してやるやつだ。

高橋 投影はこの時はしないですけど、つまりもともとなんで戦っているのかわからないような戦争なんですよね。『マクロス』の、特に劇場版って。大昔の超古代文明の時に作られた2つの勢力が、もう目的もなく戦い続けているから「戦争に意味がない」というのが作品のテーマなんですが、その戦争が武力ではなくて歌で終わっていく。ある意味、ポップカルチャーの力、ポップカルチャーと戦いというものを比べて見せるところがいいんです。これは『ナウシカ』のコミック版の7巻にある、「この庭にあるもの以外に次の世に伝える価値のあるものを人間は造れなかったのだ」というところとも共通するものがある。

太田　最近の『ヤマト』の総監督・脚本を担当している福井晴敏さんが、かつて『マクロス』のことを批判していましたね。彼に言わせると、一番すごいのは『伝説巨神イデオン』だっていうわけですよ。

高橋　言いたいことはわかる。

太田　アニメーションにできることは、形而上学的なテーマを扱うことなんだというね。生身の人間がやると嘘くさく見えることが、アニメでやるとそれができるんだと。その可能性を追求すべきだったところを、『マクロス』でアニメが「好きな人が作って、好きな人が見る」間口の狭いものになってしまったと書いてますね。

高橋　それはたぶん考え方の違いだと思うんですよね。たとえばアニメ、『エヴァ』もそうだし、『ガンダム』もそうですけど、少年が大人になっていくストーリーじゃないですか。少年が戦争を通じて大人になっていくストーリーが日本のアニメには非常に多い。そんなのはリアルにできるわけはないんですよ。一方で『マクロス』って、その児童文学的な「子どもが大人になっていくストーリー」をいっさい捨てていて、エンターテインメントとして全振りしてるんですよ。戦闘機と三角関係と、あと歌か。この三要素で、だからあれを日本のエンターテインメント業界ができるエンターテインメントとして、僕は理解すべきじゃないかなと思いますね。ただ、その中でＡＩ、要するに無人兵器という要素が語られているし、クローン兵士という要素も入っているので、文学性というよりかは社会性のほうが強い作品だと私は思います。

小泉　じつは、僕は『マクロス』ってまったく観てないんです。なんか『マクロス』マニアの人って独特で、ちょっと何か違うんですよね。

高橋　ちなみにアメリカのシンクタンクの友人にもファンがいる。時々話が合うんだよね（笑）。独特というと？

小泉　『マクロス』マニアの人たちって、もちろんほかの作品も観てるんだけど、たとえば熱烈な『ガンダム』マニアとか『エヴァ』マニアとか、基本的には、少年の時の憧れのままでやってるような気がするんですよ。だから悪く言えば子どもっぽいし、兵器オタクみたいな、僕みたいな人間と非常に話が合う感じなんだけど、『マクロス』マニアの人たちは妙に老成してる気がするんです（笑）。で、僕のものすごい個人的な狭い観測範囲なんですけど、『マクロス』マニアの人、なぜか痛車《いたしゃ》とかやってる確率が高い。

高橋　痛車？（笑）

小泉　車にアニメとか描いてあったり、ボーカロイドとか好きな人がなぜか多い。『マクロス』も好きなのかもしれないけれども、ちょっとこう、2つの違う世界にいるオタクの線がたまたま「ロボット」で重なり合ってるだけで、何か違うカルチャー圏の人間だなと。僕の数少ない『マクロス』マニア観測結果がそういう感じです。

太田　純粋にエンターテインメントとして楽しむのが好きということかな。僕はそういうスキルがわりと低いから。

高橋　さっきの兵器の話でいうと、『マクロス』って新兵器ってほとんど出てこないですよね。当初の敵のゼントラーディは、物を作る技術を失っているから。自動工場衛星からは、ずっと同じ兵器しか手に入らない。

小泉　『マクロス』自体が超古代の巨大要塞が落ちてくるという話でしたっけ？

太田　本当は小型艦なんですけれどね。巨人たちが作っているからバカでかいだけで。もともと人型なわけではなく、人間が改造して結果的に人型になったんです。

小泉　あ、そういうことなんだ。

高橋　さっきほら、太田さんがミノフスキー粒子の話をしたじゃないですか。『マクロス』は敵が巨人だから同じサイズの二足歩行の兵器が必要だって、そういう剛腕で片付けている。

小泉　「ガンダム」も手足がついている理由って、宇宙空間で姿勢制御するためという……。

高橋　後付け設定ね。

太田　あれは完全に後付けやし、よく考えたらあれってその場でクルクル回るだけやんか[29]。姿勢制御だけで移動はできない。

高橋　「ボール」が一番合理的じゃないかと。

太田　周囲にバーニアも付いてるしね。

小泉　本当にリアルな宇宙兵器を考えると、あんまりカッコよくない。

太田　『銀河英雄伝説』に出てくる「宇宙戦闘機」は、わりとそのへんを考えてノズルが可動するようにデザインしているんですけど、やっぱりあまりかっこよくないですよね。感情移入できるスタイルではない。

小泉　戦闘機とか戦車とか、あるいは鉄道でも艦艇でもマニアっているじゃないですか。実際大学で宇宙工学やりましたみたいな人とかがすごい人工衛星の同人誌出したりしているんだけど、たとえば「月刊人工衛星」ってのはないわけなんですよ。宇宙ステーションマニアとか人工衛星マニアとかはあまりいないんです。月刊「航空ファン」はあるし、「パンツァー」もあるし「世界の艦船」もあるけど、なぜか月刊「スペースなんたら」というのはないわけです。英語圏なら専門誌はあるんでしょうけど。要するにポピュラーメカニクスの世界にないんですよね。そこ、なんじゃないかと僕は思います。本当に無重力に適応したメカというのは、地球の重力に魂を縛られている人から見ると、あまりかっこよくないのではないか。

太田　現実に即した宇宙機はそのうちできると思うんですけどね。でもやっぱり兵器としてはやっぱりなかなかかっこよくならなそう。『ガンダム』でも最後、「ジオング」に足が付いていないのは、富野さん的にはしてやったりっていうか、最後っ屁で、俺はもう宇宙兵器に足なんか付けたくなかったんやと。

小泉　それはやっぱり偉い人にはわからんのですね。

高橋　いや、実際サイコミュ使えば「エルメス」の形でいいんで。

「バカメと言ってやれ！」はバストーニュの「Nuts!」がモデル

小泉　ちなみに太田さんどうなんですか？　戦闘シーンベスト3。

太田　これもいろいろ考えて、4つにしてくれって最初言おうと思ってたんですけど。

高橋　僕10コほしかった。

太田　こういうのは自分が繰り返し観た回数で決めるのが客観的かなと思って。それで言ったら3位は『機動戦士ガンダム　めぐりあい宇宙』ですね。冒頭、宇宙に上がった直後に「リック・ドム」とやる戦闘。「ムサイ」の艦隊が来るわけですよ。それをすべて撃破してしまうという、あの宇宙空間の広がりとか、「ドム」の動き方とかね、リアルさとヒーローっぽさがね。「ガンダム」ってこんなに強くなっちゃったんだ、とすごいカタルシスもあるし、あそこは何回も観ちゃいますよね。

高橋　「ソロモン」よりもそっち？

太田　「ソロモン」はさっき話したからってのはあるけど、気持ちよさってあるじゃないですか、戦闘シーンの。「ドム」がやられちゃうの悲しいんですけど、「ドム」好きだから。それから、さっきの『愛・おぼえていますか』でいうと、地球でのマックスとミリアの戦い。可変戦闘機がもしあったとして、十全に力を発揮したらどういう戦いになるのかっていうのが、すごくうまく描かれていて感動しましたね。空中での戦闘だけど、飛行機（ファイターモード）でずっと戦うのではなく、途中で変形しちゃう。推力のベクトルを大きく変えて戦闘したりとか、機銃とかの射界の自由度を上げたりするためには、変形したほうがいいんだということが、観てたらわかる。チャレンジ精神がすごいなと思いましたよね。これが第2位で、第1位はやっぱり私は『宇宙戦艦ヤマト』で行っちゃうんです。旧版の第1話冒頭の冥王星海戦。一番最初のとこ。

高橋　あ、そこ！

小泉　「バカメと言ってやれ！」のところ（笑）。

太田　あそこはものすごく野心的で、2199年の宇宙戦争の話を描くのに、冒頭いっさいナレーションなしでいきなりレーダーの画面が出てきて、戦闘が始まる。視聴者にも敵も味方もどういう世界かもわからない。でも対峙すると、彼我の圧倒的な戦力差というのだけが伝わってくる。これは全然ダメなんだ、負け戦なんだっていうね。それは大平洋戦争の記憶というのかな。「おまえら見るだけでわかるやろ！」というような日本人としての共通の記憶みたいなのをすごく意識して作っているんです。後半から『ヤマト』のスタッフに加わって、絵コンテなどを描かれる安彦良和さんからうかがったんですけれど、たまたま1話を観ていて、「新しいものが始まった」という感じがすごくしたそうです。艦隊戦ってアニメで描くのすごく難しいんですよ。なかなかうまくいかないんですけど、この場面は艦隊戦としてきちっと成立してるんですよ。地球防衛軍側の自暴自棄的な絶望感っていうのも含めて、戦争末期の生々しい感じっていうのがすごく雰囲気として出ていて、感動しましたね。沖田艦長と古代守のやりとりとか、話しだすと止まりませんけれども。

高橋　「バカメと言ってやれ！」って、もともと「バルジ」のバストーニュの「Nuts!」[30]がたぶんオマージュなんですけど、今回の戦争（宇露戦争）でもあったよね。ズミイヌイ島[31]で。

小泉　原文ではですね、「ロシア艦くたばれ！」みたいなことを言っている。

高橋　そのニュースを見た時に、これは「バカメ!!」と訳したいと（笑）。

小泉　『ヤマト』でいうとマンガ版の一番最初のシーン。地球がガミラスにボロクソにやられてるとこで駆逐艦「ゆきかぜ」がやられてるんですよね。幸運艦[32]「ゆきかぜ」でさえもやられる、本当に絶望的なシーンなんだ。たぶんあの時代「ゆきかぜ」がやられてるってだけで、わりとみんなわかったんじゃないかな。

太田　わかる人にはわかるでしょうね。

小泉　あの頃は少年誌でも第二次世界大戦ネタをさかんにやっていたみたいですからね。

『新世紀エヴァンゲリオン』のソ連の存在感

小泉　僕『エヴァ』自体の話って、別にそんなにすごい語れるものはないですけど、何が好きって「アスカ、来日」（第8話）で、国連艦隊が「弐号機」を運んでくるじゃないですか。空母「オーバー・ザ・レインボー」がいるんだけど、よく見ると遠くのほうにね、ソ連の「クズネツォフ」級っぽい艦艇がいる。あれでシビれてしまって、たまんねぇなぁと。

高橋　そこかよ（笑）。

小泉　艦上にSu-33はいるわ、加持が脱出するときはVTOLのYak-38Uで逃げるわけですよ。Yak-38の本当に少ししか作らなかった訓練型のやつ。複座でめちゃくちゃ気持ち悪い形しているんですけど、これを出してくれるか！　うれしいなぁ、と。

太田　失敗作ですよね。

小泉　失敗作というか、ソ連海軍の思惑としては、アメリカの哨戒機を追っ払うために空母に乗っけてあるものだから、足が短くても武装が2種類しか積めなくてもいいと。ロシアの海軍史的にはそういうことになっている。

高橋　敵探知のための先行部隊を邀撃《ようげき》できればいい。

小泉　そう、おそらくそういう発想だった。で、実用的な戦闘機を積む空母は、その後のいわゆる「クズネツォフ」級以降でいいんだ、というふうに思ったんでしょうけど、だったら最初から「クズネツォフ」作ればよくね？　という疑問もなくはない（笑）。あとＹａｋ－38ってアフガニスタン戦争に実験投入しているんですよ。アフガンに持ち込んで、要するに高地の滑走路が作れないところで戦闘機を運用できる、ハリアーみたいな感じに使えるんじゃないのという思惑で持ち込んでみたら、航続距離が短すぎるのと、ペイロードが少なすぎて、まったくどうにもなりませんでしたと。

太田　旧劇場版『Ａｉｒ／まごころを、君に』で「エヴァ弐号機」が大活躍するシーンがあるじゃないですか。あれは現用兵器と超兵器的なロボットの戦いの究極バージョンかなっていう。あれを超えるものはないんじゃないかと思うんですけど、どうですかね？

小泉　とも思いますし、あの時って弐号機がゴジラとかキングコングみたいな役割になっているんです。もともと使徒が、自衛隊の兵器で迎撃されるし、伝統的に我々は、「我々が知っている通常兵器で攻撃されるほうがモンスターである」というふうに思ってますよね。僕はだからすごくあのシーンで、相手が普通の我々が知っている兵器だからこそ、あの時、アスカが本当に修羅のようになっているという感じを強く持ちました。今、自分が女子中学生の親になってから観ると、アスカがかわいそうでかわいそうでしょうがない。本当に。あの時、レイ派だのアスカ派だの言ってたわけですけど、親の目になってみると、もう辛いんですよ。

太田 僕あれね、劇場に行きましたけど、みんなが最後お通夜みたいになって出てくる。

小泉 なりますよ。あんなもん。

高橋 しかも『エヴァ』って同世代的に言うとテレビ放送があって、そのあと、30分で終わった劇場版（『新世紀エヴァンゲリオン劇場版 シト新生』「REBIRTH」）があったうえであの終わり方でしょう。で、テレビ版の終わりって、僕けっこう好きなんです、じつは。

小泉 あれ好きって人初めて見ましたよ（笑）。

太田 ポカーンと見てるしかなかった。

高橋 けっこう好きで。『新エヴァ』観た時にああ、これってあの時の24話25話のリメイクなんだなと思った。

小泉 あの時にシンジ君が「おめでとう」ってやっている外で、何が起こったかって話ですね。「すべてを語るにはあまりにも時間が足りない」から。

高橋 そうそうそう。

太田 全然変えてはいないんですね、方針を。

高橋 『シト新生』のラストで量産機が降りてきて、「魂のルフラン」。これもけっこう好きなんだけど。

小泉　「♪私に還りなさい〜」になっちゃうところが、投げっぱなしでまたいいんですよ、あれ（笑）。

高橋　あの直後に富士の総合火力演習行って、空挺部隊が降りてくるところで、あ、量産機！　ってつぶやきたくなるわけ。

太田　急に思いだしたけど、「エヴァ量産機」を運ぶ輸送機があるじゃないですか。あれはちょっとロシアっぽいかなと。

小泉　設定とかを見ると、ＮＥＲＶの地下指揮所に降りてくるＶＴＯＬ攻撃機は、たしかロシア製ということになっているのと、劇場版のほうのヤシマ作戦の時に変電機とかをヘリコプターがブワーッと運んでいくんだけど、トライアングルみたいな形のヘリコプターだったの覚えています？　あれＭｉ－32っていう、ソ連のＭｉｌ設計局が構想までやって作らなかった、巨大三発ヘリコプターなんです。Ｍｉ－26のエンジンを各頂点に付けて、三角形にブーム（支柱）でつなぐっていう。この三角形の真ん中のところに運搬する巨大構造物を置いて、そのままばーっと上がって吊るっていう設定だったらしいんです。

高橋　わかった人、10人いないよ（笑）？

小泉　この機体の存在知ってるのは絶対日本でオレだけだと思ってたんですよ、実機が作られてもいないし。だから存在を知ってて、しかもアニメに出したなんて、やられた〜！　と。

高橋　「セカンドインパクト」の影響がロシアは少なかったっていう裏設定なんですかね。

小泉　かもしれない。だってあの世界、ソ連がありますからね。

高橋　まだソ連が!?

小泉　テレビ版最終回で、こうでなかった普通の日常ってあったじゃないですか？　ユイがいて、ゲンドウが新聞読んでて、「あなた食事の時に新聞読むのやめてよ」って言われて……。あのシーンの新聞の見出しに、じつはソ連って書いてある。

『エヴァ』と終末論

高橋　『エヴァ』って、終末論的な世界ですよね、ポストポスト終末論なのかな？

小泉　時代的に見るとオウムとかと同時並行なんですよね。

高橋　95年くらいかな。

小泉　麻原彰晃[33]は『宇宙戦艦ヤマト』のファンだったらしいですよ。

太田　『ヤマト』ネタは、オウム関連キーワードでいっぱい出てくる。「コスモクリーナー」（オウムが作った空気清浄機の名称）とかね。

小泉　だからオウム事件って、サブカルチャーで世界観を作られた人たちが最初に起こした社会的事件、みたいなイメージが僕にはありますね。

高橋　そういうふうに還元されるの僕はイヤだな。サブカルチャーの人間としては。そうじゃない選択だって、いくらでもあるわけで。

小泉　もちろんそうですよ。だからこのサブカルチャーのせいでそうなったとかっていうのは、昔からある「マンガはよくない」という指摘になっちゃうわけで。

高橋　犯罪を起こした部屋にアニメがあると。

小泉　宮崎事件(34)なんかがまさにそうじゃないですか。と言いつつ、サブカルチャーの影響がなければオウムはああいうテイストにはならなかったと思うんですよね。

太田　やっぱりオウムを見ていて思うのは、自分たちで世界をまるごと創造したいという気持ちなんですね。だって小銃なんか自分で作らないですよ。密輸したほうが早いに決まってるんだけど、自分らで製造工場を作らないと気がすまないんですよ。大蔵省とか外務省とか、教団内に作ったりね。

小泉　僕が小学生の時にオウム事件が起きるんですよ。だから僕がたぶん一番無邪気にオウムを消費した世代です。たぶん高橋先生の時はもうそういうことをしなかったと思うんですけど、僕の時はクラスの中でホーリーネームをつけあって遊んでて。今のアラフォーぐらいのやつに話を聞くと、ほぼみんな共通体験なんですよ。

高橋　消費だね。

小泉　消費なんですよ。だからやっぱりオウムはおもしろかったんですよね、僕たち子どもからしてみると。オウムっていろんなものを戯画化していておもしろかったと思う。

高橋　まあね、ある意味映《ば》えるしね、麻原彰晃って。キワモノとしての映え方だけど。

小泉　キワモノとしては、見た目のインパクトが間違いなく素材になりやすい人ですね。

高橋　だから終末論の世界を、自分の手で作り出そうと。「ハルマゲドン」って言葉は、僕は『幻魔大戦』で知りましたけど。

太田　宮崎駿さんが作った『On Your Mark』っていう短編アニメがあるんですけど、95年7月公開なのに、ほとんどオウムみたいな新興宗教のアジトに警官隊が乗り込んで、虐殺するっていうところから始まりますから。宮崎さんこんなやばいの作るんだ、みたいな。でもやっぱりあの時代のそういう空気が、オウムにもなったし、宮崎さんの世界にもなったし、『エヴァ』にもなった。いろいろな現れ方をしていたんです。ネガティブにもポジティブにもね。この間、『AKIRA』をちょっと観直したんですけれども、東京の奥底になんかとんでもないものがいて、それを無理やり押さえつけてるんだっていう感覚ね。やっぱりあの感覚っていうのはすごいなと思うんですね。

高橋　東京の呪術性みたいなモチーフって、たぶん何年かに一度映像化されるようなものだと思います。一番典型的なのは『帝都物語』ですよね。

太田　『鬼滅の刃』とか観ててもね、そういう呪術性、「日常の隣に得体の知れない何かがある」みたいな空気は、今もちょっと受け継がれているんじゃないかなという気はしますね。

高橋　災いとしての戦争の捉え方がやっぱり時代を反映してるとは、たぶん思っていて。『ナウシカ』の連載が始まったのが82年。83年には「エイブル・アーチャー83演習[35]」があって、NATOとワルシャワ条約機構軍の間で核戦争の寸前になっていた。極東では大韓航空機撃墜事件があって、あの時期ってすごく核戦争による人類滅亡の恐怖感が高まった時期なんですよ。『北斗の拳』なんかも核戦争後の地球ですよね。『戦闘メカ ザブングル』もそうなんですけど。もちろん最近でも大戦争の後の世界、たとえば『攻殻機動隊 STAND ALONE COMPLEX』や『PSYCHO-PASS』もあるんだけど、人類が滅びるような戦争じゃないんですよ。地域紛争なんですよ。だから世界が変わるとすれば、全世界が滅亡するような核戦争によって、という冷戦期と、アジアの安全保障環境の不安定さを反映して、地域紛争によって変わった世界という、視点の変化が起こっている気がしますね。

小泉　『ガサラキ』とかね、戦争でアポカリプスがやってくるんじゃなくて、「政治としての戦争」がやってくるかも、みたいな予感のほうが強かった。『パト2』もそういうところがある気がします。80年代までのものと、冷戦が終わって、ソ連もなくなった90年代以降と、だいぶテイストが変わったなという感じはしますよね。マンガ版『ナウシカ』の禍々《まがまが》しさみたいなものって、それこそ『ザ・デイ・アフター』とか、ああいうものによる予感がないと、こうはなんないなと。

高橋　災いとしての戦争、人間にはまったくコントロールできず、災いとして降りかかってくる戦争。これは宇宙人が攻めてくる時もそうですね。それに対し、ステイトクラフト（政治的手腕、外交術）として、人間の選択の結果、起きている戦争があるんです。もちろんそれは対象とする年齢層でも変わってくるんだと思うんですけど、昔のほうが災いとしての戦争モノが多い気がする。『マクロス』はおもしろいことに最初は災いなんですよ。ゼントラーディが攻めてくるんです。それが最近の作品だと、もう人類同士の戦いになっていますから、利害を争う、戦わなくていい戦争をやってるんですよね。そのあたりもちょっと時代の変化、あるいはアニメーションで描かれるものの変化というものがあると思う。『ナウシカ』の終盤の、トルメキアの土鬼侵攻って、じつはたぶんあれステイトクラフトとしての戦争なんです。

小泉　中国人と日本人のハーフの後輩がいて、僕の子どもの時にこういうような世界の破滅みたいなものに対する何かすごく強い印象があった、という話をした時に、彼は、「僕は全然わかんないですね」って言うんですね。彼の感覚だと、中国人は核戦争が終わった後、穴蔵から出てきて、中華鍋で何かを炒めはじめる、なんていう感じを持ってる。

高橋　それってほら、冷戦期の『ザ・デイ・アフター』、あれもそういう感じですよね。あれってまさに〝ザ・デイ・アフター〟の生活を描いていく話で。

小泉　それがめちゃくちゃでも悲惨なわけじゃないですか。公衆衛生とか崩壊してて。

高橋　中国人は悲惨じゃないのか。

小泉　悲惨なんだろうけど、その中でなんとか生活を再建できちゃうという確信があるんですかね。もしかしたらこれは文化圏によってもかなり違うんじゃないかと。

太田　大友克洋さんの『ＡＫＩＲＡ』や『気分はもう戦争』を読んでて思ったんですけど、やっぱり大友さんの一番おもしろいところって、登場人物たちが何をやってもバイタリティあふれていて前に出てくる感じですね。なんか猥雑さみたいなところ。

小泉　大冒険して日本に戻ってみたら、中国人が豚の鼻を売ってる（『気分はもう戦争』内のエピソード）わけじゃないですか（笑）。

高橋　戦争やっている間も、じつは普通に市民生活があるんだということを、ウクライナ戦争で改めて認識させられているじゃないですか。イラク戦争とかの時は、イラクの生の情報って出てこなかったのでわかんなかったんですけど、この戦争では生の情報がどちら側からも出てくるんですよね。戦争における民間人の描き方って、『ガンダム』の序盤もそうですよね。

太田　たしかにあれはすごい。なぜか『Ｚ』以降はあまり出てこなくなっちゃったんですよね。『ファースト』は、戦争の大状況と主人公たちがいる小状況というのが絡み合っていないところがすごいんですよね。主人公たちがやっていることは、大局にいっさい影響しないんだよというのを、最後まで貫いている。

高橋　つまり「RX－78」があってもなくても戦争は変わらない。

太田　作品の作り方としては、「ガンダム1機がいくらがんばったところで変わらないよ」と、作中でウッディ大尉が言っているとおりです。でも一方で大状況が全然見えないかというとそうではなくて、シャアは主人公たちのライバルだけど政治もやっているので、ザビ家がいて、そこで暗闘してててっていうのはすごく伝わってくる。大状況の戦争と小状況の戦争をここまで生々しく同時に描けた作品って、僕はほかには思いつかないんですよ。

『この世界の片隅に』の片渕須直と宮崎駿

――小泉さんには、別の企画で『この世界の片隅に』の片渕須直監督と対談いただきました。

高橋　片渕監督とはちょっとしたお付き合いというか、接点があって、向こうはたぶん認識していないんですけれども、とある軍事オタクのウェブサイトで、私は常連だったし彼も常連だったので、オフ会で何度かお会いしたことがあって、どういう方かは知っています。でも私、じつは映画観てないんですよ。機会がなくて。

小泉　そして高橋先生がそこに出入りしてたっていうのはほんと筋金入りだなって。

高橋　あの人がどれだけ戦争に対して想いを持っているかとか、零戦にめちゃくちゃ詳しい人だというのは知っています。

太田　片渕さんの方法論というのはものすごくはっきりしてて、あったことをそのまま再現する。当時の呉の街にどんな通りがあって、ここを曲がったらこんなものがあって……とか全部調べつくして、それで紫電改の自動空戦フラップ[36]はどんぐらい効いたかとか、そんな話まで全部調べているわけですよ。そんな中で、主人公のすずさんという女性のリアリティがおのずと立ち上がってくるというのが、『この世界の片隅に』という作品の徹底した方法論だと思うんです。一方で、宮崎駿さんも、ものすごく軍事関係のこととかよく知っているわけですよ。でも、リアルというものに肉薄したうえで、最後のところに虚構への跳躍というか、物語では思いっきり脚色しちゃったりとか、突拍子もない動きにしちゃったりする。この2人の対比がすごいおもしろいなと。

『王立宇宙軍』を子どもに観せたら奥さんに怒られた

高橋　「ポストアポカリプス」にからめて話せると思ってたんですけど、『メガゾーン23』ってアニメがあって。これって80年代半ばのOVAなんですけど。

小泉　知らない！

高橋　環境破壊などで地球に人類が住めなくなって、地球は自動再生プログラムに任せると。人類は宇宙船で何百年か離脱をする。ただ、その宇宙船の中は、たとえばニューヨークであれば、戦間期のニューヨーク、東京であれば80年代のバブル期直前の東京みたいな、人が一番幸せだった時期を選んで作られているので、物語内の人々は自分たちが宇宙にいるって知らないんですよ。知らなくて途中でわかるという謎解きと、戻る途中で別の船団との間で戦闘になって。地球の再生プログラムを監視する月のシステムがあるんですけど、そのシステムは人類がもう戻っていいかどうかを裁定する能力があって、その結果戻すべきではないと裁定されて、戻ってきた船団が壊滅、ごく一部だけが生き残るという話。ポスト終末論系の話としても、メカアクションとしても大好きで、ただこれ、ちょっと人に観せにくいものがあって、第一作で、ここはじつは宇宙なんですって謎解きをされる場面がベッドシーンなんです。ピロートークで謎解きがされていくので、あまり、たとえば自分の子どもに観せられないので、リメイクしてほしいなとは思うんですよね。

小泉　僕ちなみにこの前、『王立宇宙軍　オネアミスの翼』を子どもに観せたら奥さんにめちゃ怒られました。シロツグ（主人公）がヒロインを押し倒すシーンがありまして、こんなものを観せるんじゃないと（笑）。

太田　あのシーンすごくエロくていいんですよね。江川達也さんが作画されていて、今日私も観てきたんですけど、熱量がすごい。やっぱり。

高橋　あの氷まで、一枚一枚全部描いたって……。

小泉　次回は『王立宇宙軍』と『無責任艦長タイラー』の話がしたい。

高橋　それどっちも世代じゃないよね？

小泉　『無責任艦長タイラー』はラノベじゃなくてアニメ化したやつを『パトレイバー』の次に観たんです。僕はめっちゃワクワクしながら水曜日帰ってきて、『パトレイバー』が終わって、残念だなと思ってたらしばらくして『タイラー』始まって。なんだこれ、マジすげえ！とどハマリしました。原作のラノベとはまったく違う世界なんですよ。でも原作者の吉岡平さんも亡くなられたから、追悼記念で話したいです。

高橋　『パトレイバー』観終わって、何観てたかな。……『ふしぎの海のナディア』かな？

小泉　『ナディア』にもかなり人生をぐちゃぐちゃにされた感じしますね（笑）。

高橋　あのＡＳＷ（対潜水艦戦闘）のリアルさね。

太田　あと『トップをねらえ！』も、やっぱり日本海軍が消滅してない世界ですよね。

小泉　ソ連もなくなってないですね。まだまだ、話さなければいけないことが！

註

（１）ガイペロン級多層式空母「バルグレイ」は全長４１０メートルの設定。実際の日本海軍の戦艦「大和」は全長２６３メートル。『２１９９』以降のリメイク新作では、沈没した戦艦「大和」に擬装した新造宇宙戦艦ということになっており、そちらの全長は３３３メートル。

（２）メッサーシュミットＢｆ－１０９。スペイン内戦（１９３６年開始）から第二次大戦（１９４５年終結）の終わりまで長期にわたって使われたナチスドイツの主力戦闘機。

（３）ブリュースターＦ－２Ａバッファロー。開戦時の米軍戦闘機のひとつ。最高速度４８４キロ。

（４）ロッキードＰ－38ライトニング。双発双胴の高速戦闘機。山本五十六連合艦隊司令長官機撃墜の功績で有名。最高速度６４０キロ。

（５）フォッケウルフＦｗ－１９０ヴュルガー。クルト・タンク技師が開発したナチスドイツの戦闘機。搭載力を活かして戦闘爆撃機としても活躍。

（６）タンクＴａ－１５２。Ｆｗ－１９０発展型の高速戦闘機。

（７）タンクＴａ－１８３フッケバイン。戦後各国のジェット戦闘機の雛形となったともいわれるジェット後退翼戦闘機。完成前に終戦。

（８）三菱Ｊ２Ｍ「雷電」局地戦闘機。日本海軍の迎撃機として、首都防空などに活躍。高空を飛ぶ米爆撃機に対抗するため、一部の部隊では座席後部胴体側面に斜め上方向きに機銃を装備した。

（９）旧ソ連のロケット設計者たち。

セルゲイ・コロリョフ：ソ連宇宙開発の父とも言われる。初のＩＣＢＭ、R7を開発、これをもとに人類初の人工衛星スプートニク1号や、ガガーリンによる世界初の有人宇宙飛行を実現させた。

バレンティン・グルシュコ：コロリョフとともにＲ７開発にあたったコロリョフの元上司だが、スターリンの大粛清でコロリョフに冤罪を着せて強制収容所に送ったり、エンジンの推進剤をめぐって意見が対立したため、生涯不仲なままだった。

ミハエル・ヤンゲリ：自己着火性のハイパーゴリック推進剤に造詣が深く、コロリョフとともにロケット推進センターを設立、コスモス、ツィクロン、ドニエプルといったロケットを開発した。コロリョフになりかわり自身がロケット開発の頂点に立つ野望を持っていたが、自身の開発したＩＣＢＭのテスト時に大惨事が起きたことでその野望も潰えた。

ウラジーミル・チェロメイ：多段ロケットの開発者で、その技術は月着陸を目指して開発されたプロトンロケットにも使われた。自身の設計室に権力者の家族を雇用して取り入り、ライバルを容赦なく蹴落とすなど、悪評も多かった。

(10)　１９５０年代に開発された、Ｆ－１００から始まる一連の超音速戦闘機群。制式名称が１００番台ということでセンチュリーシリーズと呼ばれる。Ｆ－１０５サンダーチーフは、リパブリック・アビエーション・カンパニーが開発した機体で、爆弾倉を装備した戦闘爆撃機的要素もある機体。ベトナム戦争で活躍した。

(11)　面積法則とも呼ばれ、航空機の断面積変化を小さくすることで音速を突破するときに起こる造波抵抗を減少させる設計。形状からコークボトルとも呼ばれた。

(12)　グエン・ヴァン・チョム。マンガ『エリア88』に登場する元南ベトナム軍少尉の傭兵。翼のあるサーベルタイガーのカラーリングのＦ－１０５Ｄが乗機。

(13)　１９７２年５月から行なわれた、ベトナム戦争最後の大規模空爆作戦。これにより北ベトナムは和平交渉のテーブルにつくことを余儀なくされた。

(14)『エリア88』の舞台、内戦中の中東の国アスランは、武器商人が闇ルートで入手したものや、武器産業が持ち込んだ世界中の兵器が運用されており、世界中の最新兵器の実験場のようになっている。

(15) 劇中登場する架空のF－16改良版。

(16) 地上邀撃管制。邀撃機のパイロットにコースや速度などの情報を提供する管制任務のこと。

(17) 東京航空交通管制部。国土交通省の管轄で、日本上空における航空機の管制業務を行なう。日本の大部分の空域をカバーしている。

(18) メッサーシュミットMe－321ギガント。輸送用大型グライダーで自力飛行せず、輸送機などに曳航されて、飛行する。のちに動力化したMe－323も開発された。

(19) Ⅲ号突撃砲。大戦中ナチスドイツの対戦車自走砲。砲塔が存在せず、砲が車体前面に直接設置されている。

(20)「モデルグラフィックス」誌に連載されていた宮崎駿監督によるオールカラーのイラストエッセイ&マンガ、『宮崎駿夫の雑想ノート』。宮崎駿のメカ偏愛が炸裂する。

(21) イリューシンI－76。旧ソ連が開発した大型輸送機。搭載能力が高く、装甲車や攻撃ヘリなども輸送可能。

(22) Mi－28。旧ソ連が開発した複座式攻撃ヘリ。

(23) 土鬼諸侯国連合。コミック版『風の谷のナウシカ』に登場する国家連合。クシャナの母国トルメキアと戦争状態にある。

(24) 柘植行人。『パトレイバー2』の登場人物。PKOで東南アジア某国に派遣され、反政府ゲリラの攻撃で全滅した部隊の唯一の生き残り。

(25) ＴＹＰＥ－Ｊ９グリフォン。シャフト・エンタープライズが開発した高性能実験戦闘用レイバー。機体性能のデモンストレーションのため、何度も特車二課のイングラムと戦闘する。

(26) ＴＹＰＥ－Ｒ13ＥＸファントム。テレビアニメ版に登場する。強力なパワーと装甲をほこる、シャフト・エンタープライズの無人戦闘用レイバー。レイバーとして唯一レーザー砲を武器として持つ。

(27) 既存の宇宙攻撃艇の腹部にビーム攪乱用大型ミサイルを2基装備した突撃艇。無防備で敵中に飛び込むという運用方法から生還率が低く、ア・バオア・クー戦で出撃した機体はほぼ全滅したといわれる。

(28)『銀河英雄伝説』の主人公のひとり、ヤン・ウェンリーは、敵軍に包囲された惑星エル・ファシルに残された少数の戦力で民間人を脱出させる作戦を成功させ、名声を得る。その際、逃げた自軍の部隊を囮《おとり》に使っている。

(29) ＡＭＢＡＣシステム。現実の宇宙飛行士が、船外活動時に手足を使って姿勢をコントロールすることから着想を得て、モビルスーツが人型をしていることに合理性があるとした設定。『機動戦士ガンダム』放送後にムック本でスタジオぬえの森田繁が考案したとも言われる。

(30) 第二次大戦中、１９４４年12月〜１９４５年１月にかけて行なわれた「バルジの戦い」において、バストーニュでドイツ軍に包囲された米第１０１空挺師団のマッコーリフ准将は、ドイツ軍の降伏勧告に対し「Nuts!」（バカたれ！）と返書した。

(31) ２０２２年２月24日、ズミイヌイ島のウクライナ国境警備隊は、ロシアの巡洋艦「モスクワ」からの降伏勧告に対して、「ロシアの軍艦よ、くたばれ」と返信、艦砲射撃を受けた。

(32) 日本海軍の駆逐艦「雪風」は、太平洋戦争中過酷な戦闘に十数回参加するが一度も大きな損傷を受けずに帰還、「幸運艦」と称された。1945年4月の戦艦「大和」の水上特攻時にも随伴し、生還している。

(33) 本名、松本智津夫。オウム真理教教祖として地下鉄サリン事件などのテロを主導した。

(34) 宮崎勤が1988~89年にかけて起こした連続幼女誘拐殺人事件。逮捕された宮崎の家に多数のビデオがあったため（実際はアニメのビデオは多くなかったとされる）、いわゆる「オタク」として報道され、オタクバッシングが起こるきっかけとなった。

(35) 1983年11月に行なわれた、核戦争を想定したNATOの軍事演習。緊張状態から、演習を隠れ蓑に実際に核攻撃が行われるのでは？　との疑念をソ連側が募らせ、核戦争スレスレの事態になった。

(36) 日本海軍の局地戦闘機紫電改に搭載された、フラップ（揚力調整用の翼）を自動で制御して空戦性能を向上させる仕組み。

第二章
ゴジラVS.自衛隊

小泉 悠（東京大学准教授）
高橋杉雄（防衛研究所防衛政策研究室長）
太田啓之（朝日新聞記者）

○主な言及作品

『愛國戦隊大日本』

『アニメンタリー　決断』

『アルキメデスの大戦』

『永遠の0』

『英霊たちの応援歌 最後の早慶戦』

『帰ってきたウルトラマン』（ダイコンフィルム版）

『風の谷のナウシカ』

『ガメラ』シリーズ
『眼下の敵』

『きけ、わだつみの声』

『WXIII　機動警察パトレイバー』

『機動戦士ガンダム』シリーズ
『クリムゾン・タイド』

『クローバーフィールド』

『ゲド戦記』

『ゴジラ』（1954）

『ゴジラ』（1984）

『ゴジラ vs キングギドラ』

『ゴジラ vs デストロイア』

『ゴジラ vs ビオランテ』

『ゴジラ対ヘドラ』

『ゴジラ－1.0』

『地獄の黙示録』

『シン・ウルトラマン』

『シン・ゴジラ』

『新世紀エヴァンゲリオン』

『SPACE BATTLESHIP　ヤマト』

『征途』 佐藤大輔
『戦場まんが』シリーズ
『ソードアート・オンライン　アリシゼーション War of Undreworld』

『空の大怪獣ラドン』

『沈黙の艦隊』

『提督の決断』

『透明人間』

『トップガン　マーヴェリック』

『ドラえもん』

『バトルシップ』

『遙かなる星』 佐藤大輔
『美女と液体人間』

『BLOOD+』

『フランケンシュタインの怪獣　サンダ対ガイラ』

『星を継ぐもの』 J・P・ホーガン
『マイティジャック』

『マタンゴ』

『メカゴジラの逆襲』

『メテオ』

『モスラ』

『U・ボート』

『レッド・オクトーバーを追え！』

零戦の脚だけで大興奮

高橋　小泉くんってさ。『ゴジラ』ってこれまで観てます？

小泉　じつは、僕がフルで観たことがある『ゴジラ』は、本作と『シン・ゴジラ』だけなんです。『シン・ゴジラ』が、初「ゴジラ」体験。

高橋　初ゴジラ体験（笑）。それじゃ、わりと普通の人ですよね。

小泉　そうなんです。だから『ゴジラ－1.0』はセカンドゴジラ体験。けっこう僕の年代でもゴジラファンはいて、あれがよかった、これがよかったと言う人もいるんですけど、特に食指がこれまで動かなかった。

高橋　僕の場合は、最初の『ゴジラ』シリーズの最後、『メカゴジラの逆襲』の時はまだ観てなくて。で、１９８４年のリメイクされた『ゴジラ（１９８４）』がちょうど小学校6年生ぐらい。これから観始めていて。

小泉　これ、ソ連が出るやつでしたっけ？

高橋　ソ連の地上攻撃型核衛星とか出てくるやつ。そこからひととおり『ゴジラvsビオランテ』やら、『ゴジラvsキングギドラ』やら観たところで、一回、テイストが違うなと思って観なくなる時期があって、後から観ているんですけどね。ただ、東宝の特撮映画はけっこう観てるんです。大学生の頃に池袋の名画座でいっきにやったことがあって。
小泉　東宝特撮全部乗せ、みたいな？
高橋　『透明人間』とか『美女と液体人間』とか。通って観ていた。だから特撮大好きなんですよ。で、本題に戻すと、この『ゴジラ－1.0』は非常に安心して観られる怪獣映画でした。怪獣映画のエッセンスがテンコ盛りになっているので、雑念なく観られる作品です。
小泉　極めて高評価。
高橋　極めて高評価ですね。
小泉　公開前には「ちょっと大丈夫なの」みたいなことを言う人も多かったと思うんですが。
高橋　何しろタイトルが「マイナスワン」でしょ。これはもうゴジラのコメディじゃないか、という不安すら持ちながら、でもさすがに戦後直後の設定でコメディはないかなと思いつつも、すごい不安でしたよね。だから冒頭で、爆弾抱えた零戦が飛ぶ場面で、あ、これまじめな映画なんだな、と安心したところがありましたね。
小泉　最初いきなり零戦の脚から始まるじゃないですか。で、ちゃんと左右一緒じゃなくて、バラバラに脚が開いていくんですよ。
太田　零戦はそうじゃなくちゃね。
小泉　だからあの瞬間、お、この映画は大丈夫！　って感じが、僕もたしかにした。

高橋　でしょ？（笑）

太田　いきなりオレオ（脚）が着地で縮むところとか……。

小泉　そう、そうなんですよ。着地でガスッガスってなって。ほら、零戦の脚のカバーに沈み込みを色で示すインジケータ（荷重表示帯）があるじゃないですか。あそこがもう色あせきっていて、脚だけで大興奮。「脚だけで大興奮」という言葉だけ文字にするといろいろと問題発言なんですけれども（笑）。零戦の脚だけで大興奮したので、僕はあれで完全にモトが取れたなと。

高橋　最初の1分で（笑）。

小泉　『トップガン　マーヴェリック』も最初のシーンだけでモトが取れたと思ったんですよ。もうあれで、大勝利。高橋先生は早稲田で、鳥人間の「WASA」ってサークルに関わっておられたじゃないですか。僕は「飛行機の会」という別の飛行機サークルにいて、そこは、「WASA」のリア充な感じに、ケッ！　と思っているやつらが集まっていたんですが……。

高橋　えー、どこがリア充なんだよ（笑）。

小泉　なんかみんなでワチャワチャやっている感じ、ていうのがなじめない、もっと陰キャな奴らが。そこんとこにひとり、やっぱね、熱烈な大戦機ファンがいて、そいつが熱く「いや零戦の脚はねぇ、左右別々に降りてくるんだ！」とかいう話をしたわけですよ。

太田　余談になりますけど、『宇宙戦艦ヤマト』の第1話でもそれをやっているんですよね。それには逸話があって。松本零士が原画のチェックをしてて、「脚が同時に降りているのが気に入らん！」とか言い出して、それでアシスタントの新谷かおるをバイクでスタジオに走らせてですね、「変えろっ！」って。

小泉　出てくる名前がことごとく豪華。『宇宙戦艦ヤマト』の、あの機体は……。

太田　100式探索艇です。地球で沈没戦艦「大和」上空のガミラス偵察機を迎撃に出る場面ですね。

小泉　あれ、零戦の脚が別々なのって油圧の関係なんですかね。なんかいっぺんに降ろすだけのパワーがなかった、そんな話でしたね。

太田　そう、片方ずつ降りていく。特徴ですよね。それにしてもあの線（荷重表示帯）、俺は気づかなかったな。

小泉　大戦末期の零戦って感じがして、あっ好き！　ってなる。いろんな兵器の端々の考証がもうこだわりきっていて……。

高橋　汚れ方とかね。

太田　あとで震電[1]の話、死ぬほどしますけど、2022年の雑誌「丸」に、震電の1分の1のレプリカが作られたって記事が出ていて、この時は『−1.0』に出るとはわかっていなくて。

大刀洗に展示があるというのを見たんですね。これ改めて見るとすごい出来がいいんですよね。模型というか、実物大模型として。外板にちょっとしわが寄っていたり、リベットの周囲がへこんでいるところなども再現してあって。色ツヤもすごくいいですよね。生きているっていう感じで。だいたい飛行機の博物館とかに行くと、死んでる感じがするんですね。

高橋　スミソニアンに晴嵐[2]とか置いてあるんですが、あれも綺麗すぎて、逆に実物感がないんですね。

太田　そうなんですよ。すごく緻密にやっているけれども、本当に綺麗になっちゃってるから、リアルじゃないっていう。

高橋　新品同様だと、戦闘した感じがないのかな。

小泉　たぶん数パーセントしかいない一般読者のために説明すると、晴嵐というのは潜水艦から発進する特殊攻撃機のことなんですね。またかっこいいんだ、これが。

太田　潜水艦に積んでパナマ運河を攻撃する計画もあった機体。潜水艦内ではたたまれていて浮上して組み立てて、発進したらフロートは……。

小泉　投棄しちゃう。

高橋　帰還時に回収する時はもちろん投棄しないけど、投棄する機能もあるということ。

小泉　なんか帝国海軍が投棄しない図があまり想像つかない。

高橋　たしかに回収に時間がかかるし、その間に攻撃リスクあるし。

16インチ砲ならゴジラに勝てるのか!?

小泉　『−1.0』は本当に日本映画離れした考証でマニアを唸らせましたね。その一方で、ゴジラが攻めてくるわけだから、いろいろ嘘ついているわけじゃないですか。よくわからない理由で米軍が参戦してこない、とか（笑）。「ソ連を刺激するから」とかね。

高橋　それが現代人の感覚。これの設定１９４７年でしょう。１９４７年というと、まだ米ソはそんな対立してないし。チェコとポーランドの政変のあった年で、大韓民国と朝鮮民主主義人民共和国が成立するのも１９４８年。まだ東京裁判やってますからね。あの段階で米ソ対立は決定的じゃない。もちろんチャーチルの鉄のカーテン演説はもっと前にやってますけど。そこはこう、国際政治学者としてはめちゃくちゃ気になるんだけど、もう怪獣映画として王道行っちゃってるから、もういいかって。

小泉　それでいうとそもそもゴジラの存在が一番の大嘘なんで、なんかそれぐらい別にいいだろうとは思うんですが、要するに『ゴジラ』シリーズの中に米軍が出てきたら、やっぱりゴジラに勝ててしまうっていう前提がある気がするんですよ。『シン・ゴジラ』も結局「米軍が介入して核使うかどうか」ということが、ひとつの焦点になっていて。やっぱりゴジラは日本人と戦わなければいけないというお約束ですよね。

太田　今回の映画では銀座でゴジラのために3万人死んでいる。こういうことを言うとあれかもしれないけど、東京大空襲で、ひと晩でそれをはるかに上回る数の人が死んでいるし、原爆ではさらに多くの犠牲者が出ている。ゴジラより米軍のほうがあの世界でもじつは強いんですよね。

小泉　おそらくそうなんでしょう。ゴジラとアメリカの関係性みたいなものは、戦後の日本人がなんとなく前提としてきた世界観とか、アメリカ像を反映しているのじゃないでしょうか。

高橋　でもね、ソ連の原潜沈められるよ、１９８４年の『ゴジラ』。

小泉　さっき高橋先生がおっしゃった「47年時点でまだアメリカとソ連はそこまで」ということは、アメリカとソ連が一緒になってゴジラと戦うという世界線もありえたわけですよね？

高橋　たしかにね。

小泉　それはそれで観てみたい（笑）。

高橋　極東でいうと、戦後アメリカが動員解除して、陸上兵力があまりいなくて、日本にたぶん4～5万ぐらいで、海軍が一定程度いるだけ。鉄のカーテン演説もあったから、対立の匂いはある。朝鮮半島もまだカタがつかないような状況ですから、そういう時に当時のアメリカが何をやろうとするかというと、自分の力を見せつけようとするでしょうね。

小泉　おそらくそうですね。

高橋　だから刺激するのを避けて、っていうのは本当に今の感覚、バイデン政権を見ている感覚。

太田　でもやっぱり山崎（貴）監督としては、アメリカには出てきてほしくないと……。

小泉　当然そうですよ。そうなってしまうと物語も全然違うものになって。

高橋　「サウスダコタ」[3]級対ゴジラ、とかね（笑）。

小泉　それはそれで観たい（笑）。それは別の人に撮ってもらいたい。『バトルシップ』の監督とか。

――そもそも、40センチ主砲なら倒せるんですかね。

小泉　劇中、「高雄」[4]の20・3センチではだめだった。16インチ（40・6センチ砲）だとやれるのかとかね、米軍が怪獣と戦う例は、『クローバーフィールド』がありますね。

高橋　ゴジラではないけどゴジラみたいな怪獣。

小泉　でもその巨大モンスターには特になんのストーリーも込められていない。だからゴジラであろうがなんでもいいんですよね。『クローバーフィールド』は映画としてはおもしろかったんですけど、たぶん米軍が出てきちゃうとああなってしまうんだろうな。だから『−1.0』のゴジラは、日本と戦う必要があったと思うんです。

太田　やっぱり日本人のルサンチマンが込められているというか、そこを山崎監督はすごいド直球でやったっていうのは、やはりなかなか勇気がいることだし、すごく感動した。さっき言われたように公開前に不安の声もあったじゃないですか。僕も正直、厳しいんじゃないか、ヌルいゴジラを見せられるんじゃないかという不安があって。みんなは喜ぶかもしれないけど、オタクは喜ばない「ゴジラ」になっちゃうんじゃないか、と思っていたら、一般の人も喜ぶけど、オタクはもっと喜ぶような作りになっているところがじつに感動した。すばらしいですね。

小泉　『シン・ゴジラ』はウダウダした人間ドラマとか、恋愛感情とかを入れなかったところを、オタクたちが評価したわけじゃないですか。今回はそれの真逆を行ったわけですよね。あえて家族のドラマというものを中心に据えて、でも、その家族ドラマ自体もよかったし、さらに怪獣映画としてもとてもおもしろく、兵器オタクとしても楽しめるという。なかなか高度なバランスを取ったなという感じがしますね。

高橋　あんなに泣かない赤ん坊いないけどね。

小泉　こんな聞き分けのいい子いるわけないだろうと（笑）。

太田　聞き分けはいいんだろうけど、アレは心を閉ざしているっていう描写なのかなと。

――東京大空襲が3月10日で、出会うシーンが冬ですから、赤ん坊は9カ月くらい？

小泉　なるほどね。でも被災したのが東京大空襲とは限らないです。その後も東京は叩かれ続けているのでやっぱり。別の空襲だったのかもしれない。

高橋　個人的には自分の両親が昭和19年、21年生まれなので、ちょうどあの子の世代で。

小泉　考えてみると、僕の両親がその5年後ぐらい生まれなんです、だいたい。だからまだああいう焼け跡みたいなところで生まれているわけです。あの焼け跡のセットもなかなかリアルだったじゃないですか。

太田　あとほら主人公が食い詰めて、機雷除去の仕事に行くじゃないですか。あのリアルさがすごいなという。

高橋　後半ですけど、義勇兵みたいな人が集まって、ゴジラとの戦いに行くじゃないですか。朝鮮戦争で掃海に従事した人たちって、ああいう感じを持っていたんじゃないかな。殉職者も出てますしね。

小泉　主人公が基本的に暗くてメンヘラなわけですよ。その暗くてメンヘラな主人公と、若干破れかぶれで赤ちゃん拾ってきちゃった女と、夫婦ではない、親子でもないよくわからない共同生活を始めて、それなりにしんどいわけですね。そこで掃海に志願するんだ！　って行ってみたら、掃海艇の雰囲気にとても救われるんですよね。艇長さんがいて……ちょっと物語が重くなったところに、うまい具合にあの掃海艇の面々が入ってくるんですよ、学者とかね。

太田　あれもやっぱり疑似家族的というかね、連中も。兄貴がいたりっていうね。

小泉　帝国海軍こうだったらよかったのにな、という感じもある。上甲板に整列させられて〝バッタ〟（私的制裁用の棒の通称）で殴られない海軍みたいな（笑）。

ゴジラを生き物としてリアルに描くと怖くなくなっていく

太田　山崎監督って『宇宙戦艦ヤマト』（『SPACE BATTLESHIP ヤマト』）も、『永遠の0』も撮ってる。特攻の問題をずっと描いてきて、やっぱり今回逃げずに、しかもこれまでの作品を越えるようなものを出してきた。もちろん「ゴジラ」っていう、フィクションの世界ですから、現実までは距離がある。でも、特攻って、同胞をなかば以上命令で行かせたことで、やはり僕らはみんなすごい負い目を持っているわけです。その負い目の感覚と、それでも負けちゃって、しかもどうしようもない形で負けちゃったということへの、トラウマがすごくある。公開時の批評の中で、戦後の解放の明るい面を描いていないという声もあったけれど、やはり一方で、ああいうふうに戦争をずっと引きずっている人も必ずいたし、明るさを感じた人々の内面にも、やはりいくばくかは負い目のようなものがあったと思うんですよ。そういうところを捉えてるんですよね。1954年の『ゴジラ』（第一作）も、戦争の影ってすごくて、あの芹沢博士も戦争を終わらせられなかった人ですよね。それで最後ゴジラと心中しちゃう。だから1954年の『ゴジラ』は悲劇だったんだけど、『－1.0』は、やっぱり生きて戦争を終わらせるんだという、第一作のゴジラに対してもじつに見事な挑戦になっている。

高橋　物語としての完成度が高い。

太田　庵野監督の『シン・ゴジラ』はものすごかったけれども、あれは高橋さんのおっしゃるとおり、変化球やなと思います。１９５４年の『ゴジラ』からずっと、ゴジラのドラマって一般人を描くというのがあったわけじゃないですか。そういう人間ドラマとゴジラを対比するっていうところで原点に回帰して、しかも主人公とゴジラが直接対決するというのも、一作目以来あんまりなかったんじゃないかなと思います。そういう意味で、一作目のゴジラを研究しつくしていて、ちょっと今回はもう絶賛以外に思いつかない。

小泉　やはりそれだけの熱を込めて語るべき映画だと思います。

太田　いや、本当に。「リアルじゃない」とかいう人もいるらしいんですけど、これだけのものを観せてもらって、と思いますね。

小泉　リアルかどうかで言えば、ゴジラはいないんですよ。そもそも論として（笑）。

高橋　ゴジラをメカニズムというか、生き物としてリアルに描いちゃうと怖くなくなっていくんですよね。『リング』がだんだん怖くなくなっていくみたいな。科学で探求していくと、得体の知れない怖さが消えていくんですね。１９４７年っていうタイミングだと、「ゴジラが何か？」っていうことを科学的に探求する余裕もないので、それによって、〝ゴジラ〟という魔物であり続けているんですよね。これがその抗核エネルギーバクテリア[5]がどうのとか、元素変換システム[6]がどうのとかって言われると、リアルに描いているがゆえに違う世界になっていくって感じがする。

小泉　あれですよね。J・P・ホーガンの『星を継ぐもの』シリーズがどんどんつまんなくなっていくみたいな。

太田　マニアックやなぁ（笑）。まぁでも『星を継ぐもの』は超傑作ですよ。

小泉　だから『星を継ぐもの』を読んでひっくり返って、2作以降、なんでこんなおもしろくねぇんだ、1作目との落差はなんだっていうのは、そういうのが理由だと思うんですよね。

高橋　そうそうそう。

小泉　『パトレイバー』で「グリフォン」に名前がついた時に、後藤さんが、「名前が付いたからもう怖くない」って。正体を特定する糸口が見つかった瞬間に、あまり怖くなくなってくる。そういうことが、人間にはたぶんあるんです。

太田　『ナウシカ』でも名前を教えない描写がありますね。あれはもともと『ゲド戦記』からきているんだけど、名を知られちゃうと、それで操られてしまう。すごくおもしろくて。人間ってほら、名前を呼ばれると反射的に反応しちゃうっていうのは、そこですでにまじないというか、呪いがかかっちゃっているんですよね。

小泉　指名手配の「おい！　ナントカ」みたいなね（笑）。

太田　ゴジラもね、今回は大戸島の呉爾羅伝説から、「仮に『ゴジラ』と名付けますが」とやってましたからね。

小泉　作戦会議で名付けた時に、なんとなく人類の手立てが見えてくるパターンになるんですよ。『シン・ゴジラ』でもそうだったじゃないですか。

ゴジラは水圧で死ぬようなタマじゃない

小泉　本作で、このゴジラのことを生き物として扱おうとするじゃないですか。だから水圧で殺せるんじゃないかみたいに。僕はやっぱり「こいつ水圧で死にます？」って感じが、最後までする。1500メートルの水圧で死ぬようなタマかコイツって。実際死なないし。

高橋　結局、殺すためにオキシジェン・デストロイヤーみたいに物理的に全部消去するしかないっていうことでしょ、きっと。

太田　それか核か。

高橋　核で消えたゴジラはないんじゃないですかね。

小泉　核で生まれているし。

太田　「核兵器を使えば消えるんじゃないか？」みたいな描写はありますよね。

高橋　『ゴジラ（1984）』では、ソ連の核衛星から核が飛んできて、でもなぜか嘉手納からのABMで撃墜されるんです。で、日本のカドミウム弾の攻撃で核反応が抑えられて眠っていたゴジラが、核ミサイル迎撃時のEMP（電磁パルス）で生き返るんですよ。

太田　カドミウム弾は自衛隊の移動要塞「スーパーX」から発射されます。

小泉　出てくるアイテムが全体的に冷戦ぽいですよね。何しろエイブル・アーチャー83演習の翌年ですからね。84年って言ったら。

高橋　そうなんです。であのほら、同じように『メテオ』っていう映画があって、米ソの核兵器が隕石を迎撃する。

太田　あの『メテオ』のミニチュアがショボくてですね、大画面だとデカールが剥がれかかってんのがわかってしまうという（笑）。主演、ショーン・コネリーでしたよね。

小泉　そんなB級映画に出たんですか！

太田　ポスターがまたすごいかっこいいわけですよ。生頼範義さんだと思うんですけどね。むちゃくちゃ迫力があって、すごい期待して観にいったら、めっちゃしょぼくて……。

小泉　物語は、時代を反映すると思うので。だから『シン・ゴジラ』の劇中の日本にはなんの屈託もないんですよね。ゴジラが来たから当然自衛隊が出てきて戦いますよね。で、自衛隊だけではやっぱりダメだ、って話になってきても、国難にみんなで立ち向かっていく感じですよね。

高橋　〝災い〟に対して「みんなで立ち向かおう」ということですよね。そして、自衛隊に防衛出動命令を出すについて、ちょっと総理は葛藤はするけれど、5秒ぐらいっていう。

小泉　『ゴジラ－1.0』のほうは、やはりみんなが戦争に対して、まだいろいろと抱えながら、戦争の再来みたいなゴジラともう一回戦うことで、「戦争」に決着をつけるみたいなところはあると思うんです。そこでこの主人公がとうとうその戦争を終わらせて帰ってきてみたら、あの「うなじ[7]」じゃないですか。アレをどう解釈するかですよ。

高橋　次、『マタンゴ』ですから。『マタンゴ』のように、「ゴジラ人間」が出てくる（笑）。

小泉　あぁ、そういうね。『マタンゴ』的展開（笑）。

太田　あの場面、恥ずかしながら僕は2回観て、2回とも気づかなかったんですよ。震電に心奪われてたから。なんだ生きてたのか、という受けとめ方で。山崎監督、じつは甘いなと思いつつも、このぐらいの甘さならいいかと思っていたら、一緒に観にいったカミさんにあとで聞いて、全然甘くないじゃないかと。すげー辛口やん。

小泉　ちなみに『ゴジラ』映画の文法として、まだ終わっていないぞ、みたいな。ああいう終わらせ方というのは……。

高橋　あれ基本。

太田　まあ84年のゴジラもね、火山の中に落っこちたけど……。

高橋　エンディングで吠えるっていうのは、けっこうよくある。

太田　そうですね。『ゴジラvsデストロイア』の時も吠えとったもんな。

小泉　僕は観てないですけど、初代の『ゴジラ』って、有名なセリフの「あのゴジラが最後の一匹だとは思えない」があるわけですよね。第1作からDNAが埋め込まれてるわけですね。

太田　たしかに。やっぱりでも「－1.0」だから「－2.0」もありでしょう。

高橋　マイナスに戻っちゃうの（笑）。

太田　高度成長期ぐらいが舞台でしょう、やっぱり。

小泉　逆にどんどん戻っていって、「鎌倉武士対ゴジラ」みたいな。観てみたいです（笑）。

ゴジラ対戦艦「大和」

太田　これホント怒られるかもしれないけど、どうせなら「大和」と戦ってほしかったです。今回も旧軍の兵器がいっぱい出ると聞いた時に、「大和」がもしかしたら出るかもと。

高橋　戦艦「長門」[8]はちょっと期待しましたよね。

太田　「長門」はたしかに。あの47年の時点だと、本来なら「高雄」も自沈[9]してるんですよね。山崎監督は『アルキメデスの大戦』の冒頭で「大和」が沈むシーンをすごいCGでやっているから、「大和」のデータがあるから使うかもとか（笑）。

高橋　「大和」は無理筋ですよね。「信濃」から下ろした46センチ砲を使うぐらいのことはあるかもしれないけど。

太田　たしかに。その砲、アメリカが持って帰っているんですよね。

高橋　今回のゴジラにも46センチ砲弾は出てくるんですよね。あんまり目立たないけど。本編ではほぼ説明ないけど、ノベライズを見ると、初めに「大和」の砲弾の推力で、泡の中にゴジラを落として、そこからフロンガスで下に沈める。

小泉　どこかで「91式徹甲弾」って言葉があった気が。

太田　起爆させてました[10]か。「雪風」と「響」と、そして「大和」の砲弾で戦うという。そんなところまで泣かせる。

小泉　さっきチラッと出ましたけど、せっかくだから「大和」を沖縄に特攻なんかさせないで、本当の意味で日本を守るためにゴジラと戦うっていうのは、観てみたい気はしますね。

高橋　それはさ、佐藤大輔の世界じゃん（笑）。

太田　大和ミュージアム館長の戸高一成さんに聞いた話なんですけど、特攻命令が4月5日に出て、6日に草鹿龍之介連合艦隊参謀長と連合艦隊参謀の三上作夫中佐が、水上機で「大和」に直接行くんですよね。連合艦隊司令部は「沖縄の敵を撃滅せよ」という命令を実施部隊である第二艦隊の伊藤整一長官[11]に出すことはできるけれども、その方法については命令系統上、伊藤長官に一任すべきことなんだと。だから、連合艦隊司令部は「大和」らの特攻命令を出したけれども、伊藤長官はそれを拒否することもできた。要するに特攻を命令する権限は連合艦隊司令部にはないから、わざわざ説明に行かせたんだと、戸高さんはおっしゃっていました。その理屈で言うと、「大和」が特攻しない可能性というのもゼロではなかったと。

高橋　あ、でも、そしたらクロスロード作戦で使われていたでしょうね。

太田　もしかしたら戦利品、賠償艦みたいな形で残せないかな。「雪風」が台湾に行きましたよね。そういう可能性もなきにしもあらず。それでこう、核実験の直前に、「待てよ」という話になるっていう可能性はゼロじゃない。

小泉　「呉にモスボールしてあるじゃないか、一隻」。

高橋　「なかなか沈まんフネが」。

小泉　佐藤大輔の『征途』だ（笑）。それはそれは胸が熱いんですけれども、やっぱ僕は「大和」とゴジラは戦ってほしくないような気もなんとなくする。

太田　みんな思いつくことではあるけど。

小泉　ゴジラの中にどこか「大日本帝国の克服」みたいなテーマがあるような気がするんですよ。

太田　鋭い。1作目の『ゴジラ』も米軍、全然出てこないですね。やはりアメリカが出てくるとまずい事情があるんですよね。

高橋　ただ映画版『モスラ』は「ロリシカ」という架空の名前ですけど、アメリカに攻めていきます。あと、『ゴジラ』じゃないですけど、平成『ガメラ』の3作目、『ガメラ3　邪神〈イリス〉覚醒』は、ギャオスが米軍と戦ってる。映像はないんですけど、ニュースとしては流れます。

太田　ギャオスが世界中に出現しているという状況ですね。

――『ゴジラ－1.0』の「雪風」と「響」と「欅《けやき》」と「夕風」というチョイス、どうですか？

小泉　「雪風」と「響」って「大和」と一緒に水上特攻していますよね。

太田　「響」は特攻命令が出る前に触雷して戦線離脱した。でも触雷してなかったら、特攻に行ってたのは間違いないですね。

小泉　だからそのへんのチョイスがどうなのかなという気もする。

高橋　まぁ残存艦艇だから。

小泉　残存艦艇だからなんでしょうけれども。基本的に全部戦時賠償艦なのかな。

太田　やはり今回は特攻の問題に特にフォーカスしているという点で、エンターテインメントとしてはちょっと重すぎるようなところにあえて切り込んでいるから、それを抜きにして考えられないなとは思います。だから艦の選択も絶対意図的なんですよ、「雪風」と「響」も。

高橋　「雪風」は有名ですからね。ちょっとあざといと思いますけど。大戦前の特型駆逐艦と大戦中の対潜護衛艦である「松」型駆逐艦という点でいうと、まあ日本の駆逐艦史で揃えるべきところを揃えてる感じはします。

――「雪風」の艦長の役の人、実際の「雪風」の艦長の寺内正道にすごく似てるんですよ。

太田　そこまでやるかって話（笑）。

震電の脱出装置にオタクはみんな気づいていた!?

太田　ちょっとウズウズしているので、震電の話をいいですか？

小泉　ぜひ、しましょう。

太田　細かいことを言うと、映画の中に出てきた震電には、垂直尾翼両端の車輪がなかったですね。鶴野正敬技術大尉という設計者自身が滑走試験をやったんですけど、機首を上げようとしたら、後部のプロペラが曲がっちゃった。

「雪風」駆逐艦長の寺内正道中佐。戦後「文藝春秋」の取材に「わしの乗った艦は絶対にやられんと信じていた」と答えている。

高橋　プロペラ直径が大きいから……。

太田　それを防ぐために、車輪を付けていたんですけど、量産機では付けないことになっていたんですよね。

小泉　あ、なるほど。

太田　作中では増加試作機が少数生産されたという設定になっている。ちなみに、量産型だとプロペラは４枚になるはずだったんだけど、これは６枚のまま。６枚のほうがかっこいいですからね。山崎監督わかってるなぁ！　この異形性がやっぱり震電の魅力のひとつですから。

小泉　そして、問題の25番（２５０キロ爆弾）が機首に。

太田　震電は、機首に本来４門機銃が付いてるんだけど、本作の設定では上の２門を取り外して、２５０キロ爆弾を２つ搭載してる。操縦席下には４００リットルの燃料タンクがあるんだけど、それも外して、そのかわりに50番（５００キロ爆弾）を付けている。全部で１トンの爆弾が付いているんですよ。むちゃくちゃ危ない、本当に飛べるのかみたいな……。

小泉　離陸できるのかな（笑）。

太田　操縦席後方に、高空飛行時のパイロット用に酸素ボンベが４本入っているんですよね。それも撤去しただろうから、重量的にはだいたい２００キロオーバーぐらい。なんとか許容範囲かな、という感じもしないでもないんですけど。

震電の試作機を後部から見た写真。垂直尾翼下に車輪が付いている。

高橋　相手は敵航空機じゃなくてゴジラだし。

太田　さらに、問題の射出座席も映画で観ていろいろ分析して、「He－162ザラマンダー[12]」の射出座席が一番近いなと思ったんですよ。

小泉　座席のバックレスト下になんかドイツ語での注意書きがあるんですよね……。

太田　ヘッドレストあたりは162と全然形が違うんです。パンフレットに1枚しか写真が載ってないんですが、大刀洗の震電とどうも形が、矛盾するんですよ。どっちが正しいねんと思って考えたら、パンフレットのやつは、大刀洗にある震電じゃなくて、コクピットまわりだけ別にセットを作って、それで撮影しているんですよ。だからシートの形が全然違うんです。

小泉　いやいやいや、たいへんな執念です。

太田　「文春オンライン」の記事[13]にも書いたんですけど、震電ってプッシャー式[14]じゃないですか。それで脱出の時、そのまま機外に出たらパイロットがプロペラに巻き込まれちゃう。だから爆破でプロペラを吹き飛ばして、その後に脱出するという構造だったけど、射出座席を使うのも理にかなっている。ドイツから潜水艦で射出座席の技術が来てて、増加試作型の「震電」の1機に搭載されて、たまたまそれが倉庫の中に眠っていて、それを使ったんだという話ですね。よく考えられています。

小泉　震電が出てきた時に、なんかよくわからないドイツ語がシートのところに書いてある。マニアじゃなくても日本の戦闘機に何か横文字が書いてあって、しかも英語じゃないなってぱっと見てわかると思うんです。あの時に、これは脱出装置が付いているぞ、という暗示がなされた感じがして、その後の特攻のシーンも安心しながら観てました。

太田　それはありますよね。僕も見た瞬間、「射出座席や！」って思いました。

小泉　オタクはみんな思うんです（笑）。

太田　そう、オタクは全員読めましたよね。シートの形とかから見ても、もうネタバレしてるんだけど、やっぱり山崎監督ワザとやってるな。

高橋　でも、オーバーテクノロジーですよね。ドイツだって量産機にほぼ載ってないし。

太田　ここはちょっと訂正します。He－219ウーフーには載ってます。

高橋　ウーフーは双発ですから。

小泉　単発の普通の戦闘機に載るような装備ではなかったと。〝学者〟が「射出座席も付いていない戦闘機」なんて言うシーンは、それはもうみんな当時そうでしょ？　と思うけど……。

高橋　あとね、ゴジラは水中にいるから、水面からの高さが数十メートルなんですよ。全長50メートルでしょう。水中にいるから、10メートルか20メートルのはずなんですよ。とすると、圧縮空気でパラシュートが開くには高度が足りないんですよ。

小泉　それができる、いわゆるゼロ—ゼロ射出座席ができるのは、70年代とかまで待たなきゃいけない。

太田　そこらへんでやっぱり嘘はもちろんある。

高橋　嘘なんだけど、オキシジェン・デストロイヤーより震電のほうが、リアルに近いし、受け入れられるわけですよ。スーパーXとか。だから、その嘘はいい。

太田　オキシジェン・デストロイヤーについて弁護すると、あの当時は原爆ができて、そんなに間がないのに水爆までできちゃったっていう、このまま科学が発達していったらいったいどうなるんだっていう時代だったんですよ。だから、そこで水爆を超えるようなものが出てくるということに、かなりリアリティはあったんじゃないかなという気がします。そうそう、震電っていう飛行機を今回調べてみて、めっちゃいろいろおもしろいなと思ったんです。一番おもしろいなと思ったのは、当時一般的だったモノコック構造じゃないんですよね。高速による一撃離脱戦法であんまり軽量化を考えてないということでもあるんですけど、ごついフレームが入っていて、だいぶ頑丈な作りなので、機内にこれだけ爆弾を積めるんです。零戦なんかだったら、そこに荷重をかけても大丈夫なハードポイントでなければ積めない。こういう無茶な爆弾の積み方ができるのも、震電ならではということで、そこもすごいおもしろい。

小泉　やっぱりある程度そういうことを計算して、このメカにしたんですかね？

太田　僕はそう思うんですよ。山崎監督は大刀洗の記念館に震電の史料をいろいろ事前に問い合わせて、設計者の鶴野大尉の遺族にまで会いにいってる。相当な思い入れを持ってこの飛行機を使ったのは間違いない。

高橋　旧日本軍の秘密兵器として出せて、それなりのインパクトがあるのはやっぱ震電、橘花[15]、烈風[16]ってところだと思うんで……、まぁ震電が一番インパクトありますよね。

太田　やっぱり形からしてもね。

高橋　私だったら特殊な機体で、って言われたら橘花使いますね。米軍のジェットエンジンか何かに換装した橘花。

小泉　ネ20[17]搭載じゃなくて。

高橋　そうそうそう。Ｐ－80[18]のエンジンかなんかに換えて。

小泉　その「橘花対ゴジラ」も観てみたい気もしますね。

太田　でもあの使い方ではジェット機はなかなか厳しいですね。震電でもけっこう厳しいところがありますけど。低空をあんなふうにゆっくり飛ぶのは。

小泉　そこはなんというか、もう細かいことを言い始めたらきりがないですけど、絵にはなりましたよ。「ゴジラ対震電」ってのは。『提督の決断』ファン的にはうれしかった（笑）。

「高雄」型重巡4隻で巡洋艦戦隊を組んでゴジラに勝つ

小泉　でもほら、「高雄」の20・3センチ主砲は一瞬効くんだけれども、すぐ修復してるんじゃないですか。口の中に爆弾突っ込んで、顔半分吹っ飛ぶんだけれども、あれもわりとすぐ治っちゃう気もするんですけど。

高橋　あっちのほうが効いたんです（笑）。

小泉　でも、水の中に沈んでいきつつボコボコと再生してるシーンが描かれたので、あの世界のゴジラも、あれで終わりではないわけですよ。

高橋　個人的にはあの時「高雄」の水中弾の命中場面とか見たかった。

太田　意味がわからない人も多いかと思うので説明しますと、日本海軍の徹甲弾は海の中に潜った後、魚雷のように進んで敵の舷側装甲の下をぶち破るという機能がついております。

小泉　まぁ別にゴジラの水線下の装甲が薄いわけでもないわけで。水線下で当たってなんなんだって。

高橋　ただのマニアだ（笑）。

――50番（500キロ爆弾）と20・3センチ（砲弾）、どっちが爆発力強いんですかね？

高橋　弾着速度次第じゃないですかね。当たった時の速度はたぶん主砲のほうが速いかな。運動エネルギーや貫徹力は「高雄」の主砲のほうが強いと思うね。

――「高雄」の砲撃があれだけ当たって平気なのに、震電の爆弾くらいで倒せるのかなと。「高雄」も口の中にバンバンぶち込めば……。

小泉　そこは当時の射撃統制装置の能力が……みたいな、言いわけになるんですかね（笑）。

太田　あそこもツッコむと……砲塔は上から乗せてるだけだから、艦が傾いてると撃てない。

高橋　そうそう。宇宙戦艦「ヤマト」みたいに傾斜しながら撃てない。たぶん装塡ができないんですよね。

小泉　たとえば、「高雄」型重巡4隻で一個巡洋艦戦隊組んでれば、1隻であれだけやれたんだから！　4隻でバカスカぶち込み続けてれば……。

高橋　魚雷も撃ちながら。

——重巡は「高雄」と同じ港に「妙高」が残ってるんで、2隻はいけますね。

小泉　そうそう。再生速度を上回る形で、どんどんどんどん破壊し続ける。最盛期の連合艦隊対ゴジラ（笑）。

太田　戦争中にゴジラが出てくる『ゴジラ－2.0』ってのは、ありうるかも。

小泉　それは観てみたいっちゃ観てみたい。

太田　オタクしか観ないかもしれんけど（笑）。

高橋　まぁでも戦争初期だと放射能がないんで、ゴジラにならない。

太田　そうか、そうすると、『ゴジラvsキングギドラ』みたいにタイムスリップの設定を（笑）。

小泉　山本五十六率いる連合艦隊がゴジラをアウトレンジしまくるとか。

太田　でもアウトレンジとか効かないんですよ。ゴジラが恐るべきスピードで接近してくるんで。

小泉　だったらやっぱり「アイオワ」[19]級と殴り合ってほしいですね。

——「高雄」の迷彩どう思われました？

小泉　「高雄」って最後あの状態だったんでしたっけ？

――シンガポールで同様に鹵獲《ろかく》された「妙高」の写真が残ってますけど、もうちょっと緑が濃い気も。あの迷彩はシンガポールで施されたもので、セレター迷彩と呼ばれています。

小泉　日本ってあんまり、主力戦闘艦艇に迷彩しないですよね。キスカ島救援の時に軽巡を白く塗ったりはしたけど。

高橋　あれはたぶんアリューシャンの霧があるからでしょ。

小泉　700分の1のウォーターラインシリーズ[20]で軽巡「多摩」の迷彩を見て「カッコイイ～！」、絶対俺はこれを買って作る！　とか思っていたんですけど、当時は、ツヤ消しとかよくわかんない。なぜか謎のツヤツヤした白の帯がいっぱいついた巡洋艦ができてしまったことがあります（笑）。

高橋　フラットホワイトだとかっこいいんだけどね。

小泉　アメリカ海軍は、メジャーいくつという形で軍艦の迷彩塗装を規格化していましたよね。

太田　空母も迷彩してましたよね。あれは進行方向を錯覚させるためにやってる。

小泉　あと商船みたいなシルエットに見えるようにしたりとか。緑と濃い緑で。

――写真が残っていてかっこいいのは、「瑞鳳」ですね。

小泉　あれがねぇ、塗るとき超面倒くさいんですよ。

太田　結局プラモの話ね（笑）。

高橋　議事堂前の戦車はどう。

小泉　戦車は全然わからない。三式ですか？

太田　あれは、ノベライズによると四式中戦車[21]。本土決戦用に温存してた四式中戦車を使ったということらしいです。

終戦時、シンガポールのセレター港内の重巡「高雄」。艦体に施された迷彩が見て取れる。

高橋　2カットぐらいですよね。

太田　震電とか「雪風」の扱いに比べて、あまりにもなんかちょっと……。

小泉　大日本帝国って、もうちょっと粘れば、すごい軍艦や、すごい戦闘機が出てくる気配あるんですけど、陸に関しては粘ってもすごい戦車が出てくる気配がまったくないじゃないですか。ドイツとかはね、これがもうちょっと粘ってれば……って、ところがあるんですけど、日本戦車はロクなものが出てきた感じがしない。

太田　でもね、松本零士の『戦場まんが』シリーズの初期作品に「鉄の墓標」というのがあって、あれは四式中戦車に、90ミリ砲を積んでいるっていう話で、めっちゃスカッとしました。

――戦車第一連隊なら、司馬遼太郎[22]が乗っているかも。

小泉　その可能性が。なるほど。司馬遼太郎、三式中戦車乗ってたんですっけ。

太田　三式乗っててね、有名な話で刃物で砲塔を削ったら削れちゃった。

小泉　「ヤスリかけたら――」という話で、でもそれはもともと軟鉄だから、みたいなツッコミも入ってましたけど。

高橋　あの戦車、国会議事堂前から銀座にいるゴジラに向かって撃って当たってるでしょ。国会議事堂前から銀座撃てるのかな？　って思ったら、ちょうど1・5キロくらい。

小泉　曲射して、ウデさえ良けりゃ当たるくらいですね。

太田　そうか。もうちょっと近づいて撃ちたいところですよね。戦車だったら。

小泉　めちゃめちゃ当たってました。いやぁ、さすが帝国陸軍の決戦部隊はすごいな。警察予備隊より前ですよね。

高橋　ぜんぜん前。

小泉　だからあの時点でどういうステータスの部隊が運用してんだかよくわからない。

高橋　戦車兵をかき集めて……。

太田　ゴジラの上陸が確実になったので、慌てて……。

小泉　その中に動かせる人として、司馬遼太郎がいた可能性はあるわけです。本名、福田定一でしたっけ？

高橋　あとはもしかしたらBC級戦犯とかも混ざってたりして。

小泉　恩赦と引き換えに（笑）。なんか最近ウクライナのほうで聞いたことがあるような話ですね、それ。でも侵略戦争の片棒を担がされるよりは、ゴジラと戦うためにBC級戦犯釈放するほうが、まだ筋が通ると思いますけど。

戦後米軍に鹵獲された四式中戦車。この車体については、米国に移送中に空母艦上から落ちて消失、スクラップになったなど複数の説がある。

高橋　「高雄」の乗組員もけっこう謎ですよね。

太田　たしかに。

小泉　いきなり来て20センチ砲をバンバンぶっ放すわけですから。

高橋　初弾当ててるし、素人じゃない。

小泉　めちゃめちゃ練度高い。

――四式中戦車を運用していた部隊だとしたら、戦車第八旅団[23]かも。だとするとかなり練度が高いですね。

太田　でもあんなに作ってたんですかね、四式。

小泉　どうですかね。

ファンタジーに向かう段取りが「リアル」を生む

太田　ちょっと前の東宝特撮怪獣映画も少しだけ復習して、『フランケンシュタインの怪獣サンダ対ガイラ』とかね。観直したんですよ。

高橋　あー、メーサー車。

太田　ガイラは、水中を好む生物。だから水の中に電気を通して、それで感電させてやっつけるっていう作戦。作戦地域に誘導するんだけれども、ガイラが速いんですよ。陸自のヘリが囮になって、撃墜されながらも任務を果たす。今回のゴジラにおける震電の役割と似ているんです。今回の『ゴジラ』もやっぱり昔からの蓄積の上に成り立ってるんだなと。

高橋　そういう気づいてないオマージュは、たぶんいっぱいある。

太田　『サンダ対ガイラ』ではほとんど自衛隊が勝ちそうになるんですよ。作戦の前に、電源を湖に沈めたりとか、そういう作業をすごく細かく描いているんです。本多猪四郎監督っていう『ゴジラ』の監督、あの人はやっぱり従軍経験が長かった人ですから、すごくリアルなんですよね。

小泉　そういうのなんか萌えますよね。

太田　段取りに萌える。

小泉　ロジの部分が描かれているっていうのはなんかすごい萌える。

高橋　超兵器を使わないで怪獣倒してるっていうと、『ラドン』がそうですよね。ラドンが阿蘇山に出てきて、でF－86[24]と空戦したりして。帰巣本能で阿蘇山に帰るだろうというので、阿蘇山に戻ったところを、ミサイル攻撃によって人工的に阿蘇山を爆発させて葬る。１９８４年の『ゴジラ』と同じシチュエーションなんです、じつは。あれもだから、自衛隊対怪獣で、自衛隊が人の知恵で倒すと。まぁ自衛隊にオネストジョン[25]があるんですけどね。そこはちょっとあれなんですけど。

小泉　オネストジョン核弾頭付き？

高橋　いやいや通常弾頭型。

小泉　『シン・ゴジラ』も基本的に超兵器は出てこない。無人在来線爆弾は現実には存在しないけど、その名のとおりで在来線の電車に爆薬詰め込んでるわけで、基本的には現実の技術の組み合わせじゃないですか。やっぱね、そっちのほうが僕は何か興奮するんですよ。これはないだろう、みたいな超兵器が出てくると、あまり観る気がしなくなってしまう。僕はぬるい

SFファンなんですけど、SFの中で何が萌えるかって、調整とか段取りのシーンがあるSFです。短いけどサラリーマンやったことがあって、物事を動かすってほんとたいへんなんだなって感じてから、SFを見る目が変わりました。

太田　震電について、名前は秘しますが、ある高名なアニメ監督と飛行機談義をちょこっとだけやらしてもらったことがあって、その高名なアニメ監督はやはり震電という飛行機をすごく高く評価しているんですよ。でも、一方でやっぱり脚を見ただけで、これはダメだってわかるって言ってて……。

高橋　ある高名な監督（笑）。スミソニアンとかに行って米軍機をワーッと見ると、脚の頑丈さにすごい違いを感じますね。

小泉　震電の脚は細くて長い。

太田　長い脚、これは機体後部にプロペラがついているからしょうがないんだけれど、でもやっぱり絶対折れますね。

小泉　しかも、当時の日本の材質。

太田　当時の日本機はやっぱり脚がとにかくよく折れたから。率直に言えば、これはやはりファンタジーであることは間違いないんだけど、ファンタジーに向かう段取りがものすごくしっかりしているから、観ていてすごい楽しいし、納得するんですよね。

小泉　すっごい細かいんですけど、〝学者〟が作戦説明時に、マイクの音を入れたらいきなりハウリングして「うわっ」てなる。あれ！　ああいうの好き。会議の時に実際にあるので、急に自分の生きてる世界の話として感じられるんですよ。

太田　子どもの頃あったわ、みたいな。

小泉　『地獄の黙示録』でCIAの前線拠点みたいなところで、カーツ大佐の音声テープみたいなものを再生するときに、係官が指をちょちょっとして泳がせてからスイッチを押すシーンがあるんですが、僕すごい好きで。ああいう細かいシーンに萌えてしまう。

高橋　でも〝学者〟が説明する場面は、旧海軍技術研究所の殺人光線が出てくるんじゃないか、ってドキドキしながら観てたの（笑）。だってそれぐらいしか思いつかなかったんだよ。ゴジラを倒せる旧軍の兵器って。

小泉　もしかして、あの水圧で殺そうとする設定もゴジラ映画では初めて？

太田　初めて。

高橋　なんか泡で沈めるって、なんとなく記憶に引っかかるんだけれど……。

太田　オキシジェン・デストロイヤーっぽいですよね。

高橋　あー。そういえばゴジラって、たぶん特撮の都合ですけど、海上での戦いってあまりないんですね。

太田　少ないですね。

高橋　『ゴジラvsビオランテ』で、海自の「ひえい」とか「はるな」が沈められるシーンがあるんですけど。

太田　そうですよね。やっぱり水がね、水と火というのは特撮の大弱点で、今回CGで解決してる。

高橋　『ビオランテ』はいいですね。

太田　段取りいいんですよ。『ゴジラ（1984）』に出てきたスーパーXは有人機なんですけど、『ゴジラvsビオランテ』のスーパーX2は無人機なんですよね。無人機は萌えないな、と当時は思っていたけど、ゴジラに抗核バクテリアを打ち込むための囮として、最新鋭機をすりつぶすように使うんですよね。ちょっとレイテ沖海戦と似てるようなとこがある。そういうふうに使うから無人機にしたんだっていうのが、今回観直して、こりゃよく考えてるなと。

小泉　ちなみにこのスーパーX2、どうやって浮かんでいるんですか？

太田　これ下面にファンはあるんだけど、空気取り入れ口がないんですよ。

高橋　翼がないので揚力は足りないはずで……。初代スーパーXはホバークラフトというか、下に向かってずっと噴射してる。

太田　これも空気取り入れ口ないじゃないですか。

高橋　これはあれです、核融合炉積んでるから。

小泉　（笑）。

高橋　プラズマ型核融合反応トカマクタイプ、中性水素原子ビーム照射型1機、というのを。

小泉　それができているんだったらゴジラに勝てるんじゃ（笑）。

高橋　これは冷戦期のソ連の脅威に対抗して、首都を防衛するために作られた秘密兵器。

小泉　対ソ連用なんですか。そうなんだ。

太田　一機だけで首都を守る。

高橋　それがたまたまあったんで、ゴジラに使ったと。

小泉　コンドラチェフの波[26]みたいにエンタメ路線に走る時期、リアル路線に走る時期とか、『ゴジラ』にも長期振動がきっとあると思うんです。僕はおそらくリアル路線期にゴジラを観始めたのでしょうけど、どこかできっとまたエンタメ路線に走る波が、きっと来ると思うんですけれども。

高橋　ストーリーとして続けちゃうと、そうならないと保《も》たなくなるんでしょうね、きっと。私は今回『ゴジラ－1.0』観てからもう一回『シン・ゴジラ』観て、やっぱり僕「これ、あんまり好きじゃないや」って確かめたんですけど、ちょっと言語化できたんです。日本で作った『ゴジラ』って基本的に、昭和29年にゴジラが襲ってきた世界線の中で、その次のゴジラなんですよ。ところが、『シン・ゴジラ』はそうじゃない。『シン・ゴジラ』の世界では昭和29年にゴジラは来てない。あれはだから宇宙世紀じゃない『ガンダム』みたいなもの。

小泉　あ。なるほどなるほど。

高橋　僕、宇宙世紀じゃない『ガンダム』はね……。この違和感か！

小泉　なるほど。「ガンダ〜ムファイト！」

高橋　そうそうそう。そっかこれ『Gガンダム』なんだと。あるいは『SEED』でも『水星』でもいいけど。

無人在来線爆弾とソ連原潜の戦略的共通点

小泉　高橋先生は好きじゃないかもしれませんが、やっぱ無人在来線爆弾好きなんですよ。

高橋　いや、あれ好きだよ。

小泉　僕たちが毎日揉みくちゃになって乗っている通勤電車がゴジラと刺し違えてるって、まさに日本そのものがゴジラと戦っている感じがして。

高橋　しかも昔のワイヤー特撮みたいに飛ばすって。そこまで含めて。

太田　新幹線爆弾も含めて効きましたよね、けっこう。ものすごくいっぱい爆弾を積める。

高橋　電源というか、架線が生きているのかどうかよくわかんないですけどね（笑）。

小泉　架線が生きてるところまで走らせて、勢いつけてシャーッといかせりゃいいんじゃないですかね。

太田　なるほど。

小泉　品川電車区くらいからビャーとやってやれば。ちなみにソ連の原子力潜水艦がまだヤンキー級の時って、SLBMの射程が短いからアメリカの沿岸まで行かないといけなかったんですよ。そうすると、どこかしらチョークポイント[27]を通らないといけないんだけどSOSUS[28]とかに捕まるので、やばそうなところでは機関止めてたらしいですね。で、音を出さないようにして、惰性でスーッと行くというのがソ連の海峡突破戦術だったそうです。それもじつはSOSUSで聞こえてたらしいんですけど（笑）。

太田　小泉さん、『ガメラ』とかも観てない？

小泉　僕やっぱり、怪獣に興味がない子だったんですよ。

高橋　「廃棄物13号」は？

小泉　あれは『パトレイバー』だからいいんです（笑）。怪獣は興味ない、ウルトラマン系のデカいスーパーヒーローも興味ない。けど、巨大ロボットは少し好き。

太田　でも『エヴァ』の元ネタってウルトラマンですから。

小泉　ですからね。伝説の庵野さん顔丸出しのウルトラマン（ダイコンフィルム版『帰ってきたウルトラマン』）とか。

高橋　ダイコンなら個人的には『愛國戦隊大日本[29]』が（笑）。

太田　あれはアマゾンプライムに出せないでしょうね。

高橋　ミンスク仮面（笑）。

太田　あの主題歌のすばらしさは。「♪もしも日本が弱ければ　ロシアがたちまち攻めてくる……」

小泉　（笑）。

高橋　「家は焼け　畑はコルホーズ♪」

太田　でもあれは当時でも抗議が殺到したらしいんですね。

高橋　当時こそでしょうね。

太田　冗談のわからないヤツらめと思いましたね。

小泉　別に間違ってないですからね（笑）。

高橋　今回改めて想起された。

小泉　ロシアのウクライナ侵攻で今回改めてそれがわかったわけですよ。外国の軍隊が侵攻してきて国土が戦場になるというのは、そういうことなんです。でも、昔の日本であれやったのはなかなかすごいですよね。キレッキレなブラックジョーク……。

太田　キレキレです。

小泉　昭和とか平成初期のサブカルものを読んでいると、よくこんなことを出版物に書いたなという描写があるかと思うと、変なことに遠慮してる部分もあるんですよね。昔のほうが大胆で自由でよかった、みたいなことではなく、それぞれの時代でタブーが違うだけなのかなって気はするんですよね。

高橋　そうですね。

太田　今回の『ゴジラ』を昭和の時代にできたかというと、できないですよね。僕はやっぱり難しいと思います。

高橋　旧軍人を美化するようなストーリーは難しいでしょうね。

太田　美化なんか全然していないけど、でも美化してるって取られちゃう空気があるじゃないですか。まぁ朝日新聞が作ってきたんですけど、そういうの（笑）。

高橋　最初の『宇宙戦艦ヤマト』で、戦艦「大和」が出撃する場面で46センチ砲（砲弾）が、ＴＢＦアベンジャーを直撃する場面がありますよね。

太田　その場面の作画がやたら力が入っていて。三式弾[30]じゃなくて直撃ですからね。

小泉　帝国海軍すごすぎですね。それができたら負けてねぇ（笑）。

太田　考えてみればあの時代には『アニメンタリー　決断』とかありましたからね。

小泉　あと、『ドラえもん』の「ラジコン大海戦」って回では、「大和」の上でドラえもんとのび太が軍艦マーチ歌ってます。なんかそういうのもできなくはなかった雰囲気があるのだろうなと思うんですけども、「ここからはダメ」みたいな、暗黙のルールがあったんですね、当時たぶん。

太田　当時ルールね。

小泉　それで言うと、たしかに『ゴジラ－1.0』だって、別に決して旧軍人を美化してないけど、時代状況によっては怒る人はいたかもしれないですしね。

太田　もちろん、描けないところもあっても、そういう意味では今はいい時代、フラットですね。旧軍のダメなところもはっきり言ってるわけじゃないですか。映画の中で、戦死よりも餓死とかのほうが多かった。補給はもう全然駄目だったみたいな。

小泉　僕が物心ついてから何回か特攻ものの映画が公開されているわけですよ。だいたいその時代のアイドルの男女が出てきて、男のほうが特攻に行く設定になっている。恋愛もののツマとして特攻するみたいな話って、繰り返し作られ続けてるわけですよ。

太田　この間もやってましたね。

小泉　あれってどうなんだろう。たとえば、終戦直後とか50年代とかは本当にそのへんに特攻くずれとか予科練帰りがゴロゴロいた頃って、ああいうのありえたんですかね。

高橋　終戦直後の映画は、僕はちゃんとはフォローしてないんですけど、『英霊たちの応援歌　最後の早慶戦』は、１９７９年公開の映画なんですけど、学徒出陣がテーマで、もう淡々と特攻で死んでいくんです。たとえば最後にキャッチボールだけして出撃するとか、慶応の学生が銀座の街を思い出しながら特攻基地の黒板に地図を描き残している場面とか。言葉として発せられる反戦メッセージゼロなんですけども、淡々と死んでいくことによって伝わってくる、反戦メッセージがものすごく強い。１９９５年に『きけ、わだつみの声』が再映画化されてるんですけれども、あれは言葉でしゃべっちゃうんですよね。慰安婦も出てくるし。それがすごくあざとくて、あまり心に残らないんですよ。だから、そういう、映画としてのテクニックみたいな、表現の力の差っていうのもあるような気がしますけどね。

太田　たしかに、演出力ってすごく大事。

高橋　どうやって語らせるのか、言葉にするのかしないのかっていう。

太田　やっぱ語らせたらあかんですね。自分で言っちゃ。でも今回の『ゴジラ』は説明はちゃんとするんですよね。

小泉　本当に全部当時のように振る舞わせると、なんだかわからないでしょう。当時の人がみんな持っていた共通認識とか状況が、現代人とは共有されていないから。だって作中の時点から80年近く経っているわけだから、説明的セリフは必要っちゃ必要なんですよね。

アメリカはどんな悪役にしてもＯＫ？

高橋　メカの設計思想とかの書き込みが始まるのって、日本だと『ガンダム』以降なんじゃないですかね。

太田　僕は『宇宙戦艦ヤマト』と言いたいところですけど。いちおう、急降下爆撃機とか、用兵思想みたいなところは入っているところがあるし。でも『ガンダム』はやっぱりエポックすぎますよね。本当に。

小泉　ちなみに太田さん、今回『マイティジャック』のマイティ号持ってこられてますけど、どういう絡みで持っていらしたんですか？

太田　いや、単に持ってきたかったんです。自慢したかっただけだから（笑）。庵野さんもこれがむちゃくちゃ好きで、だから『シン・ウルトラマン』にもこれ、よく見たらいっぱい出てきてます。壁紙とかで。いつかこれ、庵野さん登場させるんじゃないのと、私は思っているんですけどね。

高橋　『シン・マイティジャック』。

小泉　佐藤大輔の『遥かなる星』の中にも、コールサインで「マイティジャック」って出てきませんでしたっけ？

――『征途』のベトナム戦争にもたしか……。司馬遼太郎が率いてる部隊は……。

小泉　あれは「ゴジラ」、ゴジラコマンド。

高橋　ところでちょっと、アメリカの話したいんですけど、もう一回。アメリカの陰謀って、つきものじゃないですか。『ゴジラ－1.0』にはいっさい出てこないですけど、『シン・ゴジラ』もそうでしょう。あと『WXIII 機動警察パトレイバー』の廃棄物13号もそうでしょ。アニメだけど、『ソードアート・オンライン』の「アリシゼーション War of Underworld」編もそうだし、あとちょっとマニアックですけど、『BLOOD＋』なんかもそうだし、アメリカが悪役として描かれることって多いんですよ。さっきのタブーの話ともちょっとからむんですけど。でもね、中国とかソ連が悪役として描かれることがほとんどない。特に『ソードアート・オンライン』の「War of Underworld」は、襲ってくるのが中国でも全然おかしくないんですけど、襲ってくるのはアメリカなんです。

太田　そういう意味で、今の現実の脅威と全然リンクしてない。

高橋　そうそう。たぶんアメリカはそうやっても怒られないんですよ。あるいは、怒られないどころか、ある種の人たちの反米論を充足するところがあるわけですよね。

小泉　アメリカといえば、『沈黙の艦隊』ってどうです。よくできているらしいですよ。

高橋　僕もそう聞いた。観てないけどまだ。ただ、オリジナルのマンガの連載が始まった時代の核に対する感じと、今は全然違うので。何しろ連載中にソ連がなくなってしまうという目にあった作品ではあるから。たぶん、冷戦が続いている状況で物語が完結したら、また違うものだった気がするんですよね。

小泉　米ソの二極対立に規定された冷戦下の世界はおかしい、というところに海江田のそもそものモチベーションがあって、でもそれは既存の国家では解決できないから、俺たち潜水艦乗りだけでなんとかしてやるみたいな、そういう壮大な話なんですよね。

高橋　これをちゃんと仕事として核について知ったあとで見始めると、ちょっと我慢できなくなる。思うように読めない（笑）。

小泉　そこはあまりまじめに考えずに楽しむところでしょう。

高橋　タイムスリップ[31]ぐらいがいいんですよ。

小泉　ちなみに『沈黙の艦隊』は、太田さんはマンガで読んでらしたんですか？

太田　マンガでは、リアルタイムでずっと連載で読んでたんですよ。連載で読んでたために最初のほうがどうだったのか忘れちゃうっていう（笑）。

小泉　ありがち。ありがち。

太田　ずーっと読んでんだけど、潜水艦の中でモーツァルトの交響曲「ジュピター」をかけたなってとこしか覚えてない。でもあの場面は、めちゃめちゃかっこいいぞと。

小泉　カチッ、カチッて毎秒計りながら……。

太田　ソナー手がヘッドホンで聴音中に、「ジュピター」がジャン、ジャララン、ジャラランン、て聞こえてくる。あそこは名場面ですよね。

小泉　意外とこのテーマ、イケるな（笑）。

太田　ちゃんと復習しないといかん。

小泉　それとかね、『レッド・オクトーバーを追え！』とかね。

太田　『レッド・オクトーバー』、何回観たか覚えてません。

小泉　『クリムゾン・タイド』とか、潜水艦もので。『眼下の敵』とかね。

太田　ドイツ映画の『Das Boot』とか。『U・ボート』ですね。あれはすごかった。

小泉　このテーマだったらマライ・メントラインさん呼ぶ手もあります（笑）。

ゴジラは榴弾砲でアウトレンジして倒すべし

――『ゴジラ』や『ガメラ』は作品ごとに、自衛隊の強さとか描き方がちょっと違う気がするんですね。『平成ガメラ』はちょっと自衛隊が強いとか。今回の日本陸海軍の対ゴジラバランスってどう思いますか、適切だったと思われますか？

高橋　基本的には非常に不愉快ですけど、怪獣映画における自衛隊はやられ役なのでしかたがないのです。けれども、ただ、たとえば『ゴジラvsビオランテ』は、別名「ゴジラvs自衛隊」とも呼ばれていて……。

太田　いやもう本当に、ビオランテの影が異様に薄い。最後にちょこっとしか出てこない。自衛隊の指揮官を演じる高嶋政伸がすごく目立っている。あれが事実上の主人公ですよね。

高橋　たぶん冷戦期というか、80年代までの自衛隊と90年代以降の自衛隊って、実態として力が違いますから、それが反映されたところではあると思いますね。

――今怪獣が来たら……、一番役に立ちそうな兵器ってなんでしょう。

高橋　一番役に立ちそうなもの、ＭＬＲＳ（即答）。

小泉　多連装ロケット。

高橋　うん。これ『シン・ゴジラ』でもちょっと話題にしたかったんですけど、要するに見通し線の後ろから攻撃すればいいんですよ。ゴジラの熱線は届かないから。ゴジラのエネルギーを費やすためにこう、リーパー[32]からヘルファイア[33]撃ったりトマホーク[34]撃ったりするじゃないですか。でも、あんなものは榴弾砲撃てばいいんですよ。

小泉　なるほどなるほど。

高橋　あそこでなんでリーパーが出てくるのか、ちょっと私はよくわからない。

太田　いちおう榴弾砲でも射撃してましたよね。

高橋　多摩川で迎撃する時ですよね。

小泉　そうそう。

高橋　でも、最後の有楽町の場面ではやってないんです。

太田　ああ、そうかそうか、あそこでね。

高橋　あそこでとにかくエネルギーを使わせるのに、弾撃ちゃいいんですよ。

太田　たしかに。

小泉　たしかに見通しの問題なんですよね。ゴジラは飛ばないですもんね。

高橋　えーと『ゴジラ対ヘドラ』……。

小泉　え？

高橋　口から火を吐きながら飛ぶんだけど。

太田　シッポから逆のほうに飛ぶんです。劇場で当時観ていて子ども心にも唖然としました。

小泉　ゴジラロケット推進（笑）。

太田　火で推進するわけですよ。シッポをこう、巻き上げてね。逆方向に進むわけ。

小泉　ちょっとかわいい（笑）。

太田　でもね、『ゴジラ対ヘドラ』という映画自体はすごく怖くて、トラウマ映画です、僕らの世代には……。

高橋　要するに公害がテーマなわけ。ヘドラだから。

小泉　ヘドロの怪獣。

高橋　環境問題を取り上げたという意味ではすごい先駆的な作品ではあるけど、あまりにもおちゃらけているので（笑）。

――皆さんが対ゴジラ戦の作戦を立案するなら、どんな作戦を作りますか？

高橋　高圧電流作戦。

小泉　１９４７年段階っていうのを、考えなきゃいけないんですよね。あの段階でなくていいんだったら、僕だったら損害の出ない海の上でなんとかしたいと思うんですけれどね。さっきもありましたけれども、おそらく特撮の関係で海の上で迎撃するという合理的なはずの選択肢は、いろいろな理由でおそらく採られてこなかったじゃないですか。だから、今回初めて海の上で、ゴジラと戦うっていう意味ではとても新しいですね。一回東京は蹂躙されているけれども。

高橋　なぜ東京に来るのかが問題で、ひとつの仮説は、夜は街が明るいから東京に来るんだっていうのが……。

小泉　そこらへんがなんかめっちゃ愚かな生物感がありますよね（笑）。

高橋　だから実際昼間ってあんま来てないんですよ。特撮技術との関係もあるかもしれないんだけど。

太田　1954年の『ゴジラ』も夜なんだよな。

高橋　今回は珍しく、昼ですけどね。

小泉　散々言われている話なんでしょうけれども、「ゴジラ＝B－29」説というのがあるわけじゃないですか。初代ゴジラに関して。夜だっていうのも、東京に来るというのも、おそらく突き詰めるとそれが理由って気がしますよね。

太田　だからそれで言うとね、震電というのはB－29を撃ち落とすために作った飛行機ですから、そういう意味でもゴジラに対するには、じつに適してるとは言えますよね。

小泉　初代ゴジラが攻めてくるコースが、B－29が東京を空襲する時のコースをなぞっているという話をなんかで聞いたことがあるんですよ。

――『シン・ゴジラ』も？

小泉　B－29は富士山を目印に飛んできてたらしいので、相模湾から上陸してきたのはそのせいかも。

太田　そうか、じゃあ、今回相模湾で迎撃するというのもそういうところがあるんですかね。

小泉　あるんじゃないですか。初代『ゴジラ』を意識してそうな作品、という気はしたんですけど、どうですかね？

太田　最初、高橋さんもおっしゃったように、初代『ゴジラ』をやるより前の時代設定というのはすごい野心的で、そうすると、初代『ゴジラ』よりもっと戦争の話に近寄っていく。やっぱり今でないと逆に作れないなっていう……。

高橋　そうでしょうね。

小泉　初代『ゴジラ』は、僕は観てないですけれども、ゴジラと戦火を重ね合わせるような明示的な演出ってあるんですか？

高橋　有名なセリフですけど、銀座、有楽町が襲われた時に、お母さんが子どもに「お父さんのところに行くのよ」みたいセリフがあったりするので……。

小泉　なるほどね。

太田　もうストレートですよね。今回もゴジラが放射熱線を吐いた後、黒い雨がドッと降ってくる。

小泉　あれは怖かったですね。

太田　すっごい怖かった。

高橋　まぁまぁ、黒い雨はああいうガレキなどが大規模に巻き上がれば、絶対起こるので……。あれは戦車部隊を攻撃した熱線だから、その背後にあった国会議事堂は、吹っ飛ばされてるんですよね。

太田　たしかに（笑）。でも今回のゴジラって、攻撃されないと攻撃してこないですよね。放射熱線は自衛のためだという描写ははっきりしていて、最初の大戸島のところも荒れ狂ったのは、小銃弾で撃った後じゃないかなとか思って。

高橋　ああ、たしかに。

太田　だからゴジラにしてみたら、生き物の本能としてやってるだけ。これは切通理作さんとお話しした時もおっしゃっていたんですけど、「ゴジラが戦争のメタファー」だっていうのはたしかにそのとおりなんだけど、この映画で見ると、ゴジラ自身はただの生き物なんだと。それに戦争を重ねているのは、主人公の敷島を始め、日本人のほうなんだというふうに言ってて。それはなかなか鋭い指摘だなと思いましたね。ゴジラはニュートラルなんですよ。

高橋　そうですよね。

小泉　本当に光に集まってくるだけという、虫みたいな行動である可能性も大いにあるわけで（笑）。

太田　いや本当にただの生き物である可能性っていうか、生き物なんでしょうゴジラは。

――結局でも1947年段階ではあの方法ぐらいしか倒す方法はないんですかね。

太田　いや、でもよく考えましたよね。

小泉　米軍のかわりにね。

――それこそ戦艦「アイオワ」とかで、水平線より向こうから撃てばいい。

高橋 撃つでしょう。倒せるかどうかは別にして。米軍が出るならやるでしょうね。

太田 米軍はやっぱり飽和攻撃をやるんじゃないですか。

小泉 でも考えてみるとですよ、あの時点で国会議事堂まで吹っ飛ばしているってことは、ほんのちょっとオーバーランしたら、お堀の向こうにはマッカーサーがいる[35]第一生命ビルがあるわけじゃないですか（笑）。ＧＨＱも一緒に吹っ飛んでいる可能性がありますよね。

高橋 そしたら朝鮮戦争で、北朝鮮が統一に成功しているかもしれない。

太田 どんどんｉｆが転がっていく（笑）。

小泉 だってあそこまであんなにやられていたらね、そりゃもう。

――少なくとも放射線量は高いですよね。

小泉 そうでしょうね。銀座のあたりがシューッて熱線で薙《な》ぎ払われてたから、方向によっては……。

高橋 方向によってはね。うん。触っちゃいけないところもあるけどね、近くにね。

小泉 ちょっと今、僕も同じことを考えてました。

太田 それはねゴジラの大きなテーマですよね。なぜゴジラは○○しないのかっていう。

小泉 〝畏《かしこ》きあたり〟をなぜか狙わない。

高橋　１９８４年版『ゴジラ』では有楽町から新宿まで直進したゴジラ。

小泉　なぜなのか。

太田　『ゴジラ』ってやっぱりセンシティブな話なんですよね。本質的にね。山崎監督、今回それは確信犯でやっているから相当なものだなと。

小泉　まあほら、その当時の〝畏きあたり〟の場合は、研究し始めそうな気がするんですよ。生物学者なんで。

太田　「細胞持ってこいや」って（笑）。案外ゴジラの対策法を考案されたり……。

小泉　そうそうそう。ゴジラの息の根を止めるのがその〝畏きあたり〟だったり（笑）。その場合タイトルが『朕・ゴジラ』になる可能性が……。

太田　やばい、やばい、やばい。

小泉　はい、ここまで！（笑）

註

（１）九州飛行機Ｊ７Ｗ震電。後方にエンジンとプロペラを配置した、前翼型と言われる機体形状で、７４０キロ近い高速発揮が期待された。通常のレシプロ機では前部に配置されるエンジンが後方にあるため、重武装が可能で、30ミリ機銃４挺を搭載した（『ゴジラ－1.0』では機銃を一部下ろし、爆弾を搭載）。

（２）潜水艦に搭載される特殊攻撃機。フロートを装備し、滑走路がなくても海上から発着が可能。「伊四〇〇」型、「伊一三」型潜水艦に折りたたまれて搭載される。

（３）米海軍の「サウスダコタ」級戦艦。45口径16インチ（40・６センチ）三連装砲主砲を３基搭載する。

（４）日本海軍の重巡洋艦。50口径20・３センチ連装砲を５基装備。１９４４年10月レイテ沖海戦後、「高雄」は、重巡「妙高」とともに終戦時までシンガポールに在泊した。

（５）対ゴジラ用に開発された生物兵器。ゴジラのＧ細胞の核物質を捕食する遺伝子を用いる。

（６）『シン・ゴジラ』のゴジラは、元素を変換してエネルギーにできるため、水や空気だけで生存可能。

（７）映画のラスト、ゴジラの熱線に吹き飛ばされながら奇跡的に生存していた浜辺美波演じるヒロインの首筋に、ゴジラの細胞と思われるアザが這い上がる。

（８）戦艦「長門」は横須賀港で中破状態で終戦を迎える。１９４６年７月１日からビキニ環礁で行われた核実験（クロスロード作戦）の標的艦となり、７月28日深夜から29日未明にかけて沈没した。

（９）重巡洋艦「高雄」は小さな損傷のみを受けた状態でシンガポールのセレター港で終戦を迎える。イギリス海軍に接収後、１９４６年10月29日マラッカ海峡で自沈。

（10）劇中活躍する駆逐艦「雪風」「響」は、いずれも１９４５年４月時点で、水上特攻に参加した「大和」を旗艦とする第二艦隊の所属艦艇。

(11) 伊藤整一中将。「大和」を含む第二艦隊司令長官。「大和」とともに戦死。

(12) ハインケルＨｅ－１６２ザラマンダー。大戦末期にドイツが開発したジェット戦闘機。エンジン一基を背負い式に装備、簡易構造で量産が期待されたが、極少数が実戦配備された段階で終戦となった。

(13) 「《〝対ゴジラ戦兵器〟として戦闘機「震電」は妥当か？》映画『ゴジラ－1.0』のリアリティーを検証する」（「文春オンライン」２０２３年11月24日）

(14) プロペラが機体の後方にある構造。通常のプロペラ機のように機首にあるものは、トラクター式という。

(15) 日本初のジェット戦闘機。ドイツのＭｅ－２６２シュヴァルベの設計を参考に、試作一号機が試験中に破損、修復中に終戦。

(16) 零戦の後継機として開発された艦上戦闘機。数機の試作機が完成したが、量産前に終戦。

(17) 日本初の量産ジェットエンジンとして開発。橘花の試作機に搭載された。推力４７５キログラム。「伊二九」潜水艦でドイツから運ばれ、先行してシンガポールから空輸されたＢＭＷ００３エンジンの少ない資料を参考に、国内で開発された（「伊二九」潜は日本本土到達前に撃沈）。

(18) ロッキードＰ－80シューティングスター。米軍の実用ジェット戦闘機。エンジンは推力２０９０キログラム（C型）のＪ33。

(19) 米海軍の「アイオワ」級戦艦。50口径砲16インチ三連装3基を装備。４隻が建造され、三番艦「ミズーリ」では、日本の降伏文書調印式が行われた。

(20) 艦艇の洋上模型を１／７００の統一スケールで展開するシリーズ。各社がこのスケールに合わせ、艦艇モデルを発売している。

(21) 三式中戦車、四式中戦車、ともに日本陸軍が大戦末期に開発した戦車。四式中戦車の試作二号車には75ミリ砲が搭載されている。

(22) 作家。『坂の上の雲』『竜馬がゆく』などの代表作を持つ。司馬の所属した戦車第一連隊は、三式中戦車を装備し、本土決戦用の部隊として関東に配置されていた。

(23) 独立戦車第八旅団（豊橋）。機甲軍教導戦車旅団所属のエリート部隊。終戦時には本土決戦兵力として豊橋付近に展開していた。終戦時、運用していた四式中戦車を浜名湖に沈めたとされる。

(24) ノースアメリカンＦ－86セイバー。朝鮮戦争でも活躍した１９５０年代前半を代表する米空軍のジェット戦闘機。自衛隊でも使用された。

(25) ＭＧＲ－１オネストジョン。アメリカ初の核弾頭搭載地対地ロケット。無誘導タイプで、通常弾頭の使用も考慮されていた。

(26) コンドラチェフの波。景気は約50年周期で循環するという経済学上の学説。

(27) 戦略的に重要な海路を指す地政学用語。日本の国益に直結する場所では、マラッカ海峡、ホルムズ海峡などがある。

(28) 米海軍が設置した海洋監視システム。

(29) 庵野秀明らを輩出したアマチュア映像集団「ダイコンフィルム」が、１９８２年に発表した戦隊ものパロディ作品。

(30) 日本海軍の対空砲弾。時限信管で炸裂、無数の弾子を放出し、爆発圏内の航空機に被害を与える。

(31) 『沈黙の艦隊』と同じ作者の『ジパング』。海上自衛隊のイージス艦が、ミッドウェー海戦時の海上にタイムスリップする。

(32) ＭＱ－９リーパー。米軍の無人攻撃機。左右計６つのハードポイントに増槽、爆弾、対戦車ミサイル、空対空ミサイルなど多彩な武器を装備可能。

(33) ＡＧＭ－１１４ヘルファイア空対地ミサイル。セミアクティブレーザー誘導で飛翔速度が速い。

(34) ＢＧＭ－１０９トマホーク。米海軍が開発した巡航ミサイル。あらかじめインプットされた地図と電波高度計の高度情報をもとに飛行する。

(35) 小説版『ゴジラ－1.0』によると、この世界のマッカーサーは日本に進駐していない。

第三章

日独『エヴァンゲリオン』オタク対決

小泉 悠（東京大学准教授）

マライ・メントライン（職業はドイツ人）

マライ・メントライン

1983年、ドイツ北部の港町キール出身。姫路飾西高校、早稲田大学に留学。ボン大学卒業後の2008年から日本在住。NHKドイツ語講座などに出演。2015年末から独テレビ東京支局プロデューサー。情報番組のコメンテーターなども務める。翻訳、通訳、著述、番組制作と幅広く仕事を展開するため「職業はドイツ人」を自称する。

○主な言及作品

『悪霊』ドストエフスキー
『あさりちゃん』

『アルプスの少女ハイジ』

『新世紀エヴァンゲリオン』

『新世紀エヴァンゲリオン劇場版 シト新生』

『新世紀エヴァンゲリオン劇場版 Air／まごころを、君に』

『新世紀エヴァンゲリオン劇場版 DEATH（TRUE）2／Air／まごころを、君に』

『ヱヴァンゲリヲン新劇場版：序』

『ヱヴァンゲリヲン新劇場版：破』

『ヱヴァンゲリヲン新劇場版：Q』

『シン・エヴァンゲリオン劇場版𝄇』

『ガールズ&パンツァー』

『カウボーイビバップ』

『機動警察パトレイバー』

『機動戦士ガンダム』

『攻殻機動隊』

『この世界の片隅に』

『白いリボン』

『親衛隊士の日』ソローキン
『天駆せよ法勝寺』八島游舷
『トップガン　マーヴェリック』

『美少女戦士セーラームーン』

『ヘルシング』

『マジンガーZ』

『レッド・オクトーバーを追え！』

『エヴァ』は両親に見られたらマズい!?

――本日は、ドイツでも人気があり、アスカというドイツからの帰国子女キャラも登場する『新世紀エヴァンゲリオン』をメインにお話しいただければと思います。

小泉　お付き合いは長いのに、こうやって、並んで何かについてトークし合うのはたぶん初めてですね。

マライ　いちおう今日は「ロシアvs.ドイツ」みたいなトークかもと思ってきました。

小泉　よく考えたら別に僕、ロシア代表ではないんですけどね。

マライ　私だってドイツ代表じゃないですからね（笑）。

小泉　間違いなくドイツ人ではあるじゃないですか。アメリカのことやっている人が、たとえば「アメリカから見たらロシアなんか別に大した国じゃない」とかと言う時に、「小泉さんには申し訳ないけどね」なんて言うわけですよ。でも、別に僕、ロシア背負ってるわけじゃないですから（笑）。申し訳なくないので、好きなだけディスってくださいよって思うわけですよ。地域研究をやっていると、その国の代弁者または、代表みたく見られてしまう感じってのはあるんでしょうね。でも、今日は『エヴァンゲリオン』だからその心配もないですね（笑）。

マライ　いいですね。

小泉　前にマライさんとお会いした時に聞いたのは、『エヴァンゲリオン』を日本で観て、どハマりして旦那さんとの出会いのきっかけになったんでしたっけ？

マライ　そうそう、でも『エヴァ』を観たのはドイツです。ドイツでたしか２０００年に放送されたんです。

小泉　それは地上波で流れたんですか？

マライ　地上波のスーパー深夜枠ですね。朝方、なんか2時から4時とか、ちょっとまとめて、何話ずつかを。民放なんでＣＭが流れるんですけど、ドイツでは深夜枠ってすんごいエロいＣＭが入るんですよ。まだ当時は高校生で、録画はしてたんですけど、観る時にちょっとドキドキしてしまうぐらい。

小泉　「両親に見られたらマズい」みたいな。

マライ　だから親がいない時に観るんです。

小泉　番組そのものも、親に観られるのが気まずい番組ですけどね。

マライ　それはちょっちありますね。

小泉　ちょっち、あるところはありますけどね。

マライ　その頃はドイツで、日本のアニメがだいぶ放送されるようになってて、その前の時期だと『セーラームーン』とかそこらへん。あと『アルプスの少女ハイジ』が私の子ども時代に流れていて、あれ、ずっとドイツ人が作ってるアニメだと思ってたんですよね。

小泉　完成度高すぎて（笑）。

ロシア人は「早くエヴァに乗れや！」と銃を突きつける

小泉　まだ日本という国がそんなに身近でなかった当時のヨーロッパ人が、日本のサブカルチャーを観て、どういう感じだったんですかね。

マライ　うーん、なんの説明もなく流れているだけのものなんですよね、本当に。

小泉　僕がモスクワに住んでいる時に、『マジンガーZ』Tシャツを着て歩いてたら、モスクワに住んでるイタリア人に「マジンゲルッ！」って言って、めちゃめちゃカラまれて（笑）。で、その「なんでおまえ、『マジンガーZ』知っとるんや？」と言ったら、「イタリアで流れてたんだ」って言うわけですよ。永井豪ワールドをなんの説明もなしにイタリアで流していて、なおかつそのことをまだ覚えているぐらい、それなりに好きになってくれたイタリア人がいるんだ。てことに僕はびっくりしたんです。これ、いきなりヨーロッパ人に生でぶつけて、わかるんだっていうのが……。

マライ　ハマる人はハマってましたね。当時、17、18歳ぐらいだったと思うんですけど、そこで初めて『エヴァ』を観て。たくさん他の作品も流れてたんですね。『カウボーイビバップ』

から、けっこうエログロまでいろいろ。深夜枠なので自由だったし、放送局とかがたぶんパッケージ買いしてたんでしょうね。ちょうどインターネットが家でも使えるようになった時期で、ネットのそういう掲示板につながったんですよ。そこでアニメが好きな人と話したりね。

小泉　80年代までだったら、アニメ雑誌の文通のコーナーとかで、かろうじて同好の士を見つけてたんだと思うんですよね。それがインターネットの登場で、本当にお手軽につながるようになった。僕とマライさんは、年齢がだいたい同じくらいですよね。僕は高校の図書室でインターネットというものに初めてつながりました。図書室のパソコンで「ピーヒョロロ〜」（モデムの接続音）ってつないで、インターネット掲示板とかで、「ソ連の兵器好きな人いる？」みたいな、つながり方をした。昔ならせまい村コミュニティの中でひとりぼっちでいた変わり者だったんだけど、突然変わり者同士の間に通信回線がつながったみたいな……。

マライ　やっとつながった……って。

小泉　そうですよね。

マライ　そんな感覚ありました。やっぱり自分もネットで親友と出会って。そんなに遠く離れていなかったんですよ。運転免許を取って車で会いにいった。でもたぶん彼も、自分が住んでたその村では唯一、『エヴァンゲリオン』観てた人ではあったんだろうな。

小泉　「村」とおっしゃいましたけど、保守的な地方の社会にあれを流したらなんていうか……。僕が『エヴァ』にどハマりした高校生くらいの時期に、社会現象になって、新聞でも採り上げられるわけですよ。おそらくマライさんが観た頃だと思うんですけど、キリスト教のメタファーみたいなものがいっぱい出てくるから、ドイツの議会で問題視されたみたいなことが、新聞に書いてありました。

マライ　本当ですか？

小泉　はい。その時、僕は高校生ながら、こんな作品をガチもんのキリスト教国のドイツ人の議員に観せてしまって、日独開戦とかになるんじゃないかと思いましたね。日本人の僕が観ても、やはり『エヴァ』は特殊だった。僕がそれまで観てどハマりしたアニメって、たとえば『パトレイバー』とかですけど。「リアルさ、すげえ」とか言っているわけですけど、やっぱりキャラはゆうきまさみ先生の人間の造形、マンガ的造形で作られているから、たとえば『あさりちゃん』とかの延長で観てもおかしくはないキャラなわけですよ。ところが、ずっとウジウジしている主人公が出てきて、なんか血は吹き飛ぶわ、中学生のウブな性欲が出てくるわ、父との葛藤が出てくるわ、「なんだこれは」と。

マライ　どうなんですか？　ちょっと共感できる部分はあったんですか？

小泉　当時、僕13歳ぐらいでしたからね。シンジ君のキャラとかに共感していたかどうかはわからないけど、中二病的なところは共感しまくってました。僕の場合は普通に夕方にやってたんですよ、関東圏だったから。

マライ　それはもう本当に初回オンエアされた時？　すごい。

小泉　最初は「主人公ロボがキモイ」とか思いながら観てたんですけど、でも狭い日本の家ですから、初号機が暴走して血まみれになっている向こうで、母親が唐揚げとか揚げてるわけですよ。なんかその、唐揚げを「ジャー」とか揚げてる音がしてて、「早く食べなさい！」とかいってるのを「うるせー！」とかいって、『エヴァ』観てるわけですよね。

マライ　まさに思春期！　想像してしまう。

小泉　温かい普通の家庭で暮らしている自分と、その家庭の欠如に苦しんでいるシンジ君の、血まみれグッチャグチャのエヴァンゲリオンのイメージとか乖離しすぎていて、あんま頭に入んなかったんですね。だから、途中で止めちゃったんですよ、観るの。

マライ　じゃあ、いつ観たの？

小泉　じつは全部観たのは、高校生の時です。やはり深夜に4話ずつまとめて流してたんですよ。

マライ　あ、じゃ似たようなタイミングですね。

小泉　本当に『エヴァ』ワールドにハマった時期は、おそらく同じぐらいだと思いますね。

マライ　あら。

小泉　深夜放送の、ＣＭはエロくなかったんですけど、「サンガリア」っていう飲料のＣＭが間に入るんですよね。だから、僕の中で『エヴァ』のイメージと、「♪1、2、サンガリア！」って曲の深夜特有のゆるい、低予算ＣＭのイメージがめちゃめちゃ結びついてる（笑）。

マライ　すばらしいです。当時２０００年代に深夜アニメを観てた頃の私たちドイツ人のうち、ハマる人はハマってオタクと化して、大学で日本学でもやろうかな、となるんですね。ただ、私はギリその前で私のまわりはみんな柔道や合気道やってましたね……。でも、次の年、入って来た後輩たちは、なんか急にコスプレイヤーとか、そんな人たちが大量に入ってきて、アニメをオリジナルで観たいからとりあえず日本学にしました、みたいな世代が来たんですよね。

小泉　『エヴァ』が流れたことによって日本のイメージが完全に……。

マライ　一部の人においては……。

小泉　イメージをグリッと変えちゃったんですよね。なんか脱臼みたいに〝ゴリッ〟と。その後、ドイツで日本学をやっている人たちの比重ってどんな感じなんですか？

マライ　今は、ジブリ映画の中で見る女性像とか、環境問題を考えるみたいな、そういう講義があるんです、ドイツの大学では。若手研究者がみんな、本当はアニメについて何かやりたがってるんだけど、上の世代のお堅い方々が止めてる。それにはドイツ的な事情もあって、やっぱり教養主義なんですよ、ドイツは圧倒的に。

小泉　「アニメとかのサブカルチャーを卒業しない」と決めた世代みたいなものが、出てきている。日本もそうですよね。日本のほうが、それの訪れは早かったかもしれないけど。

マライ　ドイツはアニメは子ども向けのものっていう決めつけはあって。研究業界の中でも、「だってあれ全部エロでしょ」みたいなことを言われたりとか。

小泉　部分的には、まぁそうですが（笑）。

マライ　でもそれはそれで研究したらいいのにな、とちょっと思っちゃうんですけど。

小泉　そうですよね。アニメにおける性表現みたいなこととか、研究対象になりうると思いますけど。まあでも、ロシア人も教養主義というか、まじめくさってるところはとても似ていると思いますね。あとマッチョな社会ですからね。だから日本アニメのわりとこう繊細だったり、『エヴァ』みたいにウジウジしてるみたいな世界観そのものが、おそらくあんまり……。

マライ　ロシア人からすると、「もう早くエヴァに乗れや！」ってなっちゃう？

小泉　そうですよね（笑）。

マライ　「死にたいのかキミは！」みたいな。

小泉　シンジ君が銃を突きつけられてムリヤリ乗せられるとか。

マライ　「ハヤクノリナサイ！」

小泉　「早く乗りなさい。イエスかダーで答えろ！」みたいなところはありますね。

「脳内ドイツ」を生ドイツ人に肯定してもらう

マライ　ドイツと周辺国との差がすごいあって、隣のフランスは全然アニメに対してウェルカムだったりするんですよ。と言いつつ、フランスはすごい日本のことをいろいろ勘違いしてると私は思ってるんですけど。

小泉　日仏はお互いを勘違いして、勝手に理想を投影し合っている気がしますね。

マライ　そこで勝手にすごい刺激を得ている。めちゃいいよな、うらやましいなって。いいじゃないですか別に勘違いがもとでも（笑）。

小泉　日本人はドイツを尊敬してるんですけど、ドイツの文化をフランスみたいに崇め奉っているかっていうと、あんまりそういうのないですよね。

マライ　「どこから来たの」とか聞かれて、アメリカとか英語圏の国の名前を出されて。「ドイツ人なんですよね」って言うと、「ああドイツ……」でこう沈黙があるんですよ。その後は「ドイツ……ドイツ……ドイツ……」、あ、ビールとソーセージですね」とまず言われるパターンと、あとは「昔一緒に戦ってましたね」っていう……。

小泉　「次はイタリア抜きでやろうな」みたいな（笑）。

マライ　来ます、それ来ますから（笑）。困りますからね。本当にドイツ人としては。

小泉　なんて言ったらいいかわかんない（笑）。
マライ　わかんないんですよ。「そーっスねー、ハッハーン……テーマ変えませんかね？」みたいな（笑）。
小泉　そこで「ティーガー！」とか言ってくる奴も、めんどくさそうですね。
マライ　それは今までなかったかもしれない（笑）。もう、ビールかナチスなんですよ。
小泉　僕はロシアの子どもに「猫食うの？」と言われたことはありますね。
マライ　おー、ほうほうほう。
小泉　主に中国人がされる嫌な質問らしいんですけど、僕も一回言われたことあります。しかも、たぶん悪気はまったくなく。
マライ　はいはい、好奇心ですよね、どっちかというと。私もちょっと知りたいくらい。
小泉　向こうも日本人、日本という国の存在は知っているのですが、具体的なイメージが湧かない。そこで「そういや中国人は猫食うらしいけど日本人も食うのかな」という、二重に雑なアジア人イメージでとりあえず質問してみるんでしょう。でもやっぱりフランスはなんかね、ちゃんと理解してるかどうかは別として、いろんな語彙が出てきますよね。
マライ　日本の場合はね、やっぱり私はそれを「脳内ドイツ」っていう現象だと思っていて。というか、そう呼んでいるんですけど。勝手にみんなの中に、その「脳内ドイツ」という型が作られていて、それは日本の左派は「ドイツはこんなにがんばって難民受け入れて」とかって言うし、右派は右派で「難民受け入れてこんなに失敗してるドイツ」って。同じ話のそれぞれのサイドがどっちもあるということではあるけど、なんかさらにナチス時代がやっぱり入ってくるんですよ、そこに。たとえば逃げられないような状況の席で詰め寄ってきて、「ねぇ、聞きたいことがあるんですけど」みたいな。強制収容所の門のところになんか……。

小泉　「労働は君を自由にする」[1]！

マライ　「Arbeit macht frei」って書いてあるでしょみたいな……。「それを言うとドイツ人は怒るんですか？」とか聞かれて。

小泉　どういうことですか？

マライ　別に文言として法律で禁じられているかっていうと、そんなことないんですよ、もちろん。ないけど、平気でもないし。「それを言うのはけっこう独特な人たちですよ」って言うんですけど、「でも、大丈夫ですよね」と言う。

小泉　それを確認して、何がしたいんですか？　ソイツは。

マライ　わからないですけど、「うん」って言ってほしいんですよ、生ドイツ人に。

小泉　そうか、自分の知ってる、「脳内ドイツ」をその「生ドイツ人」に肯定させて、「俺はすごいだろう、よく知ってるだろう」みたいなことを……ああ、それ、講演会の質問の時間に演説を始めるおじさんとかそう。

マライ　ですね、そうそう。質問が自分語りから入るってやつですね。

小泉　でなんか、「脳内ロシア」とか「脳内ウクライナ」の話をいっぱいして、「そうでしょ？」って言ってくるわけですよ。

マライ　やっぱり同じ現象があるわけなんですね。

小泉　あるある。別にロシア人じゃないのに「脳内ロシア」を押し付けられる。

じつはドイツ語をしゃべれなかったアスカ

マライ　『エヴァンゲリオン』に話を戻しますとね、ドイツもやっぱりたくさん劇中に出てくるんですよね。私はいいと思ってですね。アスカ（笑）。

小泉　アスカね（笑）。

マライ　イキってるんですよね。

小泉　イキってますね。

マライ　イキってて、ドイツ語しゃべってて。でもそれはもう日本の声優に無理やりそのセリフいわせてるんですけど……。

小泉　アスカ役の宮村優子さんは、わざわざドイツ語学校に通ったらしいんですけどね。

マライ　でもね、やっぱり限界あるでしょ。でも、それもまたいいんですよ。私、もしかしたらアスカはそんなにドイツ語しゃべれないんじゃないかって思ってて。「ドイツ語しゃべれたら、すごいんじゃない私」って思ってるんじゃないかなと。だからそれをシンジの前で見せようとして……。

小泉　あ、そうか、「じつはアスカはドイツ語そんなにしゃべれなかったのではないか？」という解釈。

マライ　そうなんですよ。

小泉　それめっちゃいい！

マライ　ドイツ語はもちろん触れる機会はあったんでしょうけれども、育ちはなんか、日本語環境なんじゃないかなぁ？　っていう。

小泉　めちゃくちゃ刺さる解釈ですね、それは。こういう話に出会えるからマニア同士のトークはたまらない。前にX（旧ツイッター）で見た解釈で、初代『ガンダム』のオープニングアニメがダサすぎる。あの当時の水準で考えてもめちゃくちゃダサいと。あれに対する当時のアニメファンの解釈が、「これは連邦軍が作った戦意高揚映像なのではないか」と。連邦軍が歌詞とかメロディも作ってるから、こんなにダサいんではないか？　という解釈を出した人がいたらしくて、それも僕どハマりしたんですよ。

マライ　なるほどね（笑）。

小泉　フィクションなんてどうせ矛盾だらけに決まっているんだから、それを突っついても仕方ないんですよ。それよりも矛盾を解消する「こういうことなんじゃないか」という優れた解釈を突きつけられると「うわー、そういうことかー！」とものすごい快感を感じる。だから僕、今もうすごいですよ、脳内で変な汁が出まくっている、その解釈に。

マライ　私はこの対談のために『エヴァ』全部観たんですね、もう一回。テレビシリーズも観ましたし、昔の映画版も全部観て……。今日のお昼に観終わったんですけど……。アスカが自分の新しいママと電話するシーンが、旧テレビシリーズの中にあるんですよ。

小泉　あれはドイツ語でしゃべってませんでしたっけ？

マライ　ドイツ語でしゃべってるんです。あれかろうじて何かわかるんですよね。何言ってるのか。めっちゃ相槌を打ちまくってんですよ。

小泉　あー。

マライ　「イエス、イエス、イエス！」みたいな。それがねぇ、すごいがんばっている感じ。でもそれがあくまでね、産んだお母さんではない、継母ですからね。

小泉　でもシンジとかミサトの前だから、ドイツ語めっちゃできますよ、みたいな感じに振る舞っている。いい解釈だなー。ちなみにロシアのピョートル大帝は、皇位継承順位がすごい低かったので、完全に宮廷の中で放っておかれてて、ドイツ移民の村でずっと遊んでいたんですよね。だからピョートルって、ロシア語ろくにできなかったらしいんですよ。ドイツ人の中で暮らしてたから、ドイツ語のほうがどっちかというと得意だった。彼が皇太子の時に、グランボヤージュ[2]をやって、ヨーロッパ中まわって工業技術を学んでくる時に、ドイツ語で全部通せたんですよね。

マライ　それはすごいですよね。

小泉　なんだけれども、今の話を聞いていて、すごいそれを思い出すものがあって。誰からも守られずにほっとかれて、そのネイティブな環境に適応できなかった子っていう、余計アスカがかわいそうになってくるな。

ゼンガーの宇宙爆撃機のガンギマっている感じ

マライ　キリスト教文化的なシンボルがたくさんある『エヴァンゲリオン』って、たしかにドイツでは作れないと思うんですよ。ロシアでも作れないんじゃないかな。

小泉　作れないでしょう、作ろうとも思わないと思いますよ。

マライ　かもしれないです。ドイツだったらそこまでカチカチじゃないかもしれないですけど、作れないと思います。そういう発想があんまり出てこないし。「ロンギヌスの槍」とか

「死海文書」とか、ドイツでは、教義上それらの言葉が完全に定義されてるんです。なのに、『エヴァンゲリオン』では、遊びまくってて……。

小泉　遊びまくっているわけですよ。

マライ　他人《ひと》の宗教でなんですけど（笑）。

小泉　他人の宗教で（笑）。

マライ　いいと思うんですよ、それが。こんなに自由なのは日本だからだと私は思っていて。

小泉　たぶん宗教そのものに対する畏敬の念があまりないので、できるのだろうと。だから最近、日本のSFとかでも『天駆《てんく》せよ法勝寺《ほっしょうじ》』という作品で「佛理《ぶつり》学」というものが出てくるんですよ。「佛《ほとけ》」の「理」と書いて「佛理学」。なんかブッダパワーが、現代物理学っぽいものとこう一緒になった結果として、すごい宇宙開発ができちゃうみたいな。

マライ　なるほど。

小泉　これも本当にブッダが見たら助走をつけて飛び蹴りしてくるレベル。そういうひどい話とかも日本人にはできちゃうところがあって。それは日本の強みっちゃ強みですよね。

マライ　いや強みだと思います。ドイツ人自身は、自分たちがコンテンツとしてみんなからおもしろがられているという意識はあまりなくて、自分たちが作るものはいまいちズレてるんですよね。簡単に言うと『ヘルシング』みたいなものが、絶対ドイツから出てこない。うまく商売できてないなという感じが……。

小泉　そここそがドイツのいいところじゃないですか。ウケを狙わないというか、ウケを狙えてなくて、大まじめにやっている。あくまでも大まじめにやっている。その姿が傍《はた》から見るとじつはめちゃくちゃコンテンツ性が高いという。なんか昔のドイツ軍とかもそうじゃないですか。すごいまじめに考えて、めちゃくちゃ変な兵器とか作ってて、80年経ってまだマニアが喜んでいるわけですよ。あれはすごいと思うんですよね。

マライ　戦争負ける寸前なのに、いまだに何か改善しようとしているところありますよね。誰が作るんですかこの戦車、みたいなね。

小泉　ゼンガーの宇宙爆撃機[3]とか、できるわけないだろうみたいなのを、でも大まじめに考えている。あのガンギマっている感じみたいなのも、明らかに意図せざるソフトパワーなんだと思うんです。日本人が別におもしろいと思っていないことを、突然外国人がおもしろいと言いだす現象もそうですよね。でも、商売になるぞって、コンテンツ化されたあたりから無臭化されて、口当たりはよくなるんだけど、あんまりおもしろくなくなる。ドイツはその口当たりがいつまでもよくならないって話ですよね。

マライ　たしかに。

小泉　僕は日本のサブカルにそうなってほしくないんですよ。いつか日本のコンテンツも口当たりがよくなっていってしまったら、それこそサブカルさえなくなっちゃうんじゃないかと思うんです。

マライ　日本のサブカルがなくなれば、いよいよ日本終わりなんじゃないかな、とまじめに思ってます。私から見るとやっぱり日本のサブカルは、自由な発想でなんかもう自分が考えられないほどの、とんでもないものを想像して、クリエイティブに表現するっていうのがやっぱりすばらしくて。ただ、コンテンツを作るのにどんどんお金もかかるようになってきて、そうするとスポンサーが必要で、アニメの中に大量に商品が登場するようになる。それは使い方次第だと思うんだけど、今度はマーケットとして、中国なんかも考えると、いろんな制限がかかっちゃうんでしょうね。

小泉　『トップガン　マーヴェリック』のジャケットの背中問題みたいな。

マライ　何があったんですか？

小泉　初代『トップガン』では、主人公のマーヴェリックが着ているジャケットの背中に日本や台湾の国旗が入ってるんですよ。マーヴェリックは海軍航空隊だから、アメリカ艦隊が行った先の旗が入ってる。ところが『トップガン　マーヴェリック』に中国資本が入ったから、日本と台湾の旗がマーヴェリックのジャケットから消えたんですね。中国資本が撤退するとまた復活したようですが、そういうことが日本のサブカルの現場でも起きるのではないかと。

マライ　もう起きてますね。関係者の話を聞くと。自分で制限かけ始めてるっていう話を聞くと、ちょっと心配だなとは思いますね。この国では制限があまりなくてそれがいいのに、売るためにはそれが必要というジレンマです。

ソ連萌えと人類補完計画

マライ　さっきの「村にひとりいるかいないかぐらい」という話で、ちょっとつながったことがあるんですよ。『エヴァンゲリオン』にハマるドイツ人って、社会の中で生きてるんだけど、微妙にドロップアウトしててうまくはまらないんですよ。自分も含めなんですけどね。そんな時、急にすごい広い大風呂敷を広げた世界がそこにあって、全部が謎で、その謎を解いたら自分も補完される、ぐらいの感覚が生まれる。そんな人は宗教いじられても怒らない。「もう神はいないんじゃないか」ぐらいの葛藤の中で生きている人たちだから。

小泉　本当に宗教にどっぷりはまっている人は、そういう葛藤を持たないんでしょうね。宗教によって補完されているから。

マライ　されてるから、いらないんです。そんな救いみたいなものはね。

小泉　『エヴァ』の向こうにそんな〝救い〟みたいな何かを見ているんですよね。僕の場合はそれに相当するものがソ連だったのかもしれない。そこに何を見ていたか？　っていうと、第三次世界大戦なんですよね。多くのソ連軍オタクって戦車オタクなんですけど、僕はぜんぜん戦車には萌えなかった。爆撃機とか核ミサイルとかソ連の原子力潜水艦とかで、そういうのばかりに、「こいつがいつか火を噴いて、この世界を終わらせたかもしれない」ってところに萌えていたんです。たぶんソ連という、もう存在しないけど、この前まであったためちゃくちゃおっかないスーパー軍事大国の向こうに、そういう僕なりの補完を求めていたのかな、っていうふうに、今の話を聞いたら思いましたね。

マライ　地球に滅びてほしかったのでしょうか？

小泉　なじめないから滅びてしまえばいいと思っていたわけですね（笑）。やっぱね、『エヴァ』のキャラ造形は社会になじめないオタク少年・少女の見事なカリカチュアなんですよね。

マライ　そうだと思いますよ。そういえば、イーロン・マスクの父親とイーロン・マスクのちっちゃい頃の関係がゲンドウとシンジ君にけっこう似てるんですよ。イーロン・マスクの父親は、精神的な虐待が得意というか、悪意はないんだろうけど、すごい虐待する。才能のない碇ゲンドウみたいなヤツで、要するに自分のエゴのためならなんでもやるっていう。ところが、イーロンは結局それの影響を受けて、才能のある碇ゲンドウみたいな感じになったんです。コミュニケーションが下手なのに、人間に密着するデバイスの進歩を推し進めて、人間の存在価値を高めたいみたいな……。これって人類補完計画みたいでしょ。しかも、イーロンは日本のアニメがすごい大好き。『攻殻機動隊』とか『エヴァンゲリオン』絶対観ろ！　みたいなことを言ってる。

小泉　その話を聞いただけで、リュックにブルーレイディスク詰めてマスクん家《ち》に泊まりにいきたいですよ。「いっしょに観ようぜ」って。

マライ　NERVのアメリカ支部とかって、何もしないうちに消滅しちゃったじゃないですか。あれをもしイーロン・マスクみたいな奴が仕切っていて、消滅しなかったとすると、なんかアメリカ支部対日本本部の戦いとかもありそうですねって、うちでは話してます。

『新劇場版』でアスカがドイツ語をしゃべってくれない!?

小泉　マント着た弐号機のシーン好きなんですよ、「アスカ、来日」（第8話）の。たしかにかっこよかったですけど、イージス艦の艦橋を思いっきり踏みつぶしまくってるんで、「これ、艦長以下全滅では？」と思いながら、僕は観てました。ものすごい数の人間死なせながら戦ってますけど、そもそもあの世界の人類、だいぶ激減しているはずなので……。

マライ　そうですよね。もったいないですよね。

小泉　あの回でケンスケがずっと、「もったいない、もったいない」って言ってるし。あと、アスカと弐号機を運んできた艦隊って、アメリカの空母の上にソ連の戦闘機が乗ったりとかして、やりくりが苦しそうな感じもしますね。だからもしかして、あの世界のアメリカって、そもそも相当衰退してしまっているのではないか、とかですね。

マライ　その中で、ドイツはわりと元気ってことですかね？

小泉　じゃないすか？

マライ　何をやっているんだろう、ドイツで。あんまり描かれてないからちょっと、フタを開けたくないような気もするんですけどね（笑）。

小泉　しかもあれじゃないですかね。第3新東京市が壊滅した後に、「ドイツか中国に再開発を委託されますか？」みたいなシーンがあって、やっぱりあの世界のドイツはどうもわりに強国っぽいんですよ。

マライ　『序』のシーンかな、なるほどねって感じですね。『新劇場版』には、ドイツ語がもうほとんど出てこないんですよ。

小泉　あ、そうなんですか？

マライ　誰も気づいてないと思うんですけどね。出てこないんですよ。アスカ、ドイツ語しゃべってくれないんですよ。アスカのバックに出てくる文字列も英語がほとんどだし。オペレーションシステムが「アラート」とかになったりすると文字が出るんですけど、新しい組織も「ヴィレ」とか「クレーディト」とか、そういうワードとかいろいろ出てきて、それはもちろん全部ドイツ語のままではあるんですけど。マリさんがね、英語をしゃべるんですよ、2回も。で、フランス語もしゃべると。最後には、「再見」って中国語も使うんですよ。でもドイツ語は誰もしゃべってくれないって。どうなっているの！

小泉　庵野さんの中二病が治ったんじゃないですか？

マライ　中二病のためのドイツ語だったってことですよね（笑）。

小泉　あと日本語や英語より、ドイツ語で言ったほうがカッコいいみたいな……。

マライ　「クーゲルシュライバー」とか、単なるボールペンなのに。

小泉　ボールペンがいちいちそんなかっこいいんですか！

マライ　そうですねぇ。それはロシア語にもあるとは思うんですけどね。

小泉　ロシア語もあるんですけど、でもなぜかやっぱり中二病はドイツ語ですよね。

マライ　なんか、その座はドイツのものなのね……。

小泉　僕は完全に中二病の症状としてロシア語をやろうとしたので、ロシア語も中二病の依《より》代《しろ》にはなると思うんですよ。でも、やっぱりロシアはなんか芋くさいわけですよ。その芋くささを愛すると、僕とか速水螺旋人さん(4)みたくなるわけですよね。このイマイチ垢抜けない兵器システムがたまらねぇ、みたいな（笑）。

マライ　本当はドイツもフタを開けると芋くさいんですけどね、ヨーロッパの中では。でもたしかに外向けにはそれなりにカッコいい感を出してる。

小泉　本当にシュッと洗練されてしまうと、アメリカみたくなってしまう。アメリカはもう無臭化されててあまりおもしろくないっていう感じがあって、たぶんドイツのテイストはロシアとアメリカの間ぐらいじゃないですかね。ちょっとゴツッとした感じがあり、若干いかつい感じがいい。しかし、ヨーロッパっぽい趣味のよい感じもあり……みたいなのが、中二病的に堪らないっていうのが……。でもオタクとか中二病って、常にメインストリームから外れようとする傾向があるので、ドイツもある程度メインストリームになってくると、さらにそこからまた逃避するんじゃないですか？

マライ　今の大学での第2外国語も、ドイツ語あんまりやらなくなったって聞くけど、いつかまたブームが来るかもしれないですね。アニメの中では、少なくとも。

小泉　今もうSFとかの中でも中国って普通に超大国扱いで、中国がもうメインストリームになりつつあるような感じがするんですよね。軍事オタクも中国軍オタクっているじゃないですか。中国語やったりとかして。またどこかで逆にドイツが来るんじゃないでしょうか。日本を象徴する場合はシンジ君という、ひたすら内向きなキャラクターを作り出した。あれはほんと、90年代の日本の姿そのものだと思うんですけど、希望が失なわれた時にドイツ人、どうなるんですかね？

マライ　どうなるんだろう？　イキりまくる？　どうなんだろうね。

シュルツ首相の黒い眼帯は中二病

マライ　その……、『新劇場版』の最後の2本について、小泉さんが観てない中で、ネタバレ的なこと言っていいですか。

小泉　どんどんどうぞ。

マライ　『新劇場版』には壮大なエンディングがあるわけで、みんなのセラピーセッションが始まるわけですね（笑）。でも、みんな最初からちょっと元気で、シンジ君もちょっと元気だから、お父さんのセラピーまでできちゃうんですね。

小泉　あのクソオヤジを？　いや自分が父親になってみてから思いますけど、あいつはクソですよ、碇ゲンドウ（笑）。よくオメェ自分の息子にこんな仕打ちできるな、と。しかも昔観たときはなんか、仰ぎ見るような大人の怖いオッサンですけど、今見たらただの痩せた同年代のオッサンですからね。ふざけんなおまえ、この野郎！　ってぶん殴ってもいいわけで。いやー、でもゲンドウがちゃんとセラピーされるんだね。

マライ　そのニーズがあったかどうかは……とりあえずね、みんなね。アスカ以外みんなハッピーかなみたいな。

小泉　たぶん散々『エヴァ』が公開されてから1億回ぐらい言われてきた話ですけど、アスカだけ……ああ、アスカ。アスカはかわいそうなままなの？

マライ　今気付いた？

小泉　綾波はどうなんですか？

マライ　綾波はねぇ、意外とリア充しちゃうかもしれないよー、っていう。

小泉　えー。……じゃあ観ないかも。ちなみにあの、めちゃめちゃ話を戻すんですけど、なぜドイツ人がまじめにやるとウケてしまうのか？　という話でドイツのショルツ首相を想起したんですよ。彼、この前転んで目のあたりを痛めたらしくて、黒い眼帯つけてたじゃないですか。僕が観てない『新劇場版』のアスカの黒い眼帯みたいに。日本人が想像する、ドイツ的中二病はあんな感じなわけなんですけど、え？　一国の首相がマジであれやっちゃうの（笑）？

マライ　違う色のやつで全然よかったわけじゃないですか。

小泉　あれって本当にショルツってウケを狙わずにやっているんですか？

マライ　最初はね。たぶん早い段階でウケまくって気付いて、「あ、オイシイな」ってなって……。

小泉　政治家のスイッチが押されちゃった。

マライ　そうそう、そうだと思うんですよね。

小泉　あの眼帯もう取れたんですか？

マライ　取れました。はい。

小泉　でも本当に最初は彼、邪心なくあれをつけてたんですか？

マライ　絶対そうだと思います。真相は知らないですよ？　知らないけど、１００パーセントの自信で言えます。ウケ狙いなしで必要だ、と思ってつけただけです。

小泉　そこだよ、ドイツの生きる道は。本当に大まじめに、だって怪我したんだから、眼帯をつけなければばって。そこで、黒い眼帯つけてしまうところに、やっぱり私はドイツの愛され方の道があるんじゃないかと思う（笑）。

マライ　そこを狙うのは難しいわけですよね。ドイツ人としてはね。自覚した瞬間にもう、終わりじゃないですか。じつは自分は⑤北ドイツのキール育ちなんです。でもちょい南とか下がるとリューベックがあって、ハンザ同盟の街で……。

小泉　お、キール！

マライ　ナンバープレートも違うんですね。「ＨＬ」なんですよ。ハンザ同盟都市リューベックですからね。「Ｌ」とか、「ＬＵ」とかじゃないですよね。「ＨＬ」なんです。ハンブルクも「ＨＨ」なんですよね。ハンザ同盟都市ハンブルクってなってて、ブレーメンもたしかそう。

小泉　かつてハンザ同盟都市であったってことを、まだみんな何かとどめたいという気持ちがあるわけですか。

マライ　ありますね。すごいうらやましいですよね。キールは、何にもなれなかったみたいな……。

小泉　え？　Uボート[6]は。

マライ　……。いちおう、第一次世界大戦をある意味終わらせたっていう、いい歴史もあるんですが、でもその後来るナチス時代とかいろいろ考えると……。キール運河ですけど、運河の北側が一時デンマークだったんですよ。けっこう多くの人が、そのままデンマークだったらよかったのに、って思って生きてるんですよ。

小泉　マライさんのキールに対するコンプレックスと、僕の地元・松戸に対するコンプレックスはおそらく通ずるものがありますね。

マライ　なんかそれは感じました。

小泉　わかる。何にもなれなかった街……。

マライ　そう、デンマークにもなれなかった、ハンザ同盟都市にもなれなかった。

小泉　松戸には陸軍の飛行第53戦隊がいて、ここはかの有名な屠龍[7]を運用してたわけですね。でもそれはやっぱり、アイデンティティにはなんないんですよね。マニアはうれしいけど、土地のみんなで共有できる記憶にならない。

マライ　キールは何もないですから。軍港があるからもう戦争でめちゃくちゃにされてて、それを50年代にがんばって早めに再建したら、今となったらダサいというか、何もないというか、シンプルなわけなんですよ。ドイツのかわいい街になってないんですよね。そういえば、友だちがアスカがヴィルヘルムスハーフェンを出撃する時に、バックにその都市の紋章がちらっと映っているというのを目ざとく見つけて、あれがいいんだ！　って言ってたんですよ。

小泉　ヴィルヘルムスハーフェン？

マライ　ヴィルヘルムスハーフェンの……（スマホで紋章を検索する）これ。こんなのが映ってるんだよね。ボクが発見した、とか言って。

小泉　そっか、たぶんアスカって特にどこかのドイツの都市に対してそういうアイデンティティなさそうだけど、出撃基地のそこで、もしかして地域的な愛着を見出したのかもしれないですね。なんか……今日ずっとアスカのお葬式みたいですね（笑）。

マライ　テレビ版のアスカにはなかったんだって。みんなもう入れ替わってるって説もあるし……。

小泉　やっぱ見届けてあげなきゃダメですねぇ。なんかねぇ、アスカがやっぱり自分自身のことのような気がするんですよ。ずっと空回っているアスカとか、あの感じ。そうか。やっぱ最後まで見てあげなきゃダメですね、それはね。

マライ　それは見届けてください。全然ハッピーな解釈も可能かもしれないんで。

小泉　それはねぇ、きっと僕は無理にハッピーに解釈しないと思う、観たら。あと、それでいうとモスクワのキエフ（キーウ）に対するコンプレックスって、たぶんあるのかな。

マライ　どんな感じなんですか？

小泉　モスクワは一回ナポレオンの時にほとんど焼けてて、だからもう古い市街地ってあんま残ってないんですよね。ソ連がかなり作り替えちゃったし。それに比べてみると、やはりキーウはすごい。まだ古いところ残ってるんですよ。もともとルーシ[8]の発祥はキーウだし。その一方で「モスクワは第三のローマ」という言説もあるんですよね。

マライ　ナチスのローマコンプレックスみたい。

小泉　今、正教を擁護している最大の国家はロシアだと。ロシアこそがビザンツの直系の子孫であり、ビザンチウムに次ぐ第三のローマがモスクワなのである！　というわけですね。

マライ　あるんですよね、そういうのがね。

小泉　あとモスクワはでかいんだけど、ロシア人は「でっかい田舎」って言うんですよ。デカいだけで、いまいち洗練されてないって感覚がロシア人自身の中にもあって、モスクワの人は首都の住民なのに、どこかに他の都市に対するコンプレックスがある感じなんですよね。

マライ　でもそうすると、今回の戦争、特に最初のほうはすごくキーウを攻撃しまくってて、それってどうなんですか？　自分の揺りかごみたいなところを攻撃して、爽快なのか、それとも悲しいのか、どういう気持ちがバックにあるんですかね？

小泉　父殺しみたいな感じに近いかもしれません。自分のコンプレックスの源泉を自分で断つことによって、アイデンティティを確立するみたいな形の、成長の仕方ってあるわけじゃないですか？　それを現実にやるなって話なんですけど。それでキーウを本当にロシア軍が鮮やかに抑えてしまったら、クリミアを占領した時以上の熱狂に包まれたと思いますね。

マライ　あー。

小泉　だってもうクリミア併合した時のプーチン演説なんか、すごいですよ、大臣たち泣いてましたから。涙流して、足をドンドン踏み鳴らして、「ロシーア！」「ロシーア！」とかって言ってるわけですよ。あれで電撃的にキーウ占拠してたら、もうトランス状態になったんじゃないかと思います。でも逆に今回ウクライナは、ロシアの攻撃をまず1カ月間、アメリカからもドイツからも軍事支援が来ない中で戦い抜いた。あれはあれでウクライナの父殺しになったんじゃないかという気がしますね。

マライ　逆にね。

小泉　逆に。父殺ししに行こうと思ったらパパに返り討ちにされたみたいな（笑）。で返り討ちにしたパパは、なんか妙に自信がついた。

アスカのドイツ語はかなり変

マライ　ローマといえば、ドイツにも2時間サスペンスドラマみたいなのがあるんですけど、肝心な場面で必ず地中海に行くんですよ。

小泉　そうなんですか！

マライ　行かなくてもいいのに……。

小泉　要はその最後、犯人を追い詰めるシーンが東尋坊みたいな、そんな感じですか？

マライ　それもあるんですけど、アルプス越えへの執念がすごい。地中海側は天気もいいし。

小泉　そうか。第一次世界大戦で、アメリカ軍がイタリア戦線に行った時に、文化レベルの高さにびっくらこいて帰ってきたという話とかもありますね。特に黒人がイタリア行ったら差別されなかったんで、それで、権利意識に目覚めてきたとか。あとアメリカ人がピザに目覚めたのは、その時にって説があって、でも結局イタリアのピザ食って、持ち帰って作るのはソレかいっ！　と（笑）。生地も分厚いし、不健康そうなものはいっぱい載ってるし……。

マライ　独自の進化を遂げましたと。

小泉　そう（笑）。

マライ　兵隊に与えたカルチャーショックって大きい。

小泉　大きいと思いますよ。ほら、しかも戦後になるまで一国の男が外国に長く行く機会なんて、たいてい戦争でその国にブチ込まれる以外なかったわけですよね。うちのじいさんだって、外国へ行ったって言ったら、戦争中に2回中国行っただけですよ。自由に海外旅行行くようになったのって、70年代とかですよ。文化の水平移動って、それまでは戦争によって起こった部分が相当あるんじゃないですかね。そういえば、プーチンはKGB時代に東ドイツのドレスデンにいたわけですけど、びっくらこいたって言ってましたね。生活レベルが違いすぎて。

マライ　高いってこと？

小泉　高い。東ドイツのほうがはるかに高い。プーチンが赴任した時点で、ソ連に占領されて社会主義化されてからまだせいぜい30年かそこらなわけですよ。やはり圧倒的にドイツのほうが資本の蓄積が大きくて、もうびっくらこいちゃった。奥さんも、モスクワに帰ってみたらみじめだったみたいなことを……。

マライ　戦争の前、19世紀とかにそこらへんがどうなっていたかというと、ドイツの文豪たちが集ってたワイマールがあったりとか、文化最先端都市群があって、ドレスデンはオペラ座が有名です。お金も資源もたくさん集まってたところではあるんですね。

小泉　僕の特に好きな、ドストエフスキーの『悪霊』（『Бесы（ベスィー）』）っていう作品があるんですけど、あれにステパンおじさんというダメなインテリくずれがいるんですよね。ところどころ、これみよがしに変なドイツ語を混ぜてはマウントを取ってくるっていう。中二病は、やはりドイツ語（笑）。

マライ　ソローキン[9]もそうだよね。なんにでもドイツ語が入っちゃってる……。

小泉　『親衛隊士の日』の人ですね。

マライ　でもドイツ語で読むと気づかないんですね、なんか（笑）。

小泉　僕、さっきから気になってたんですけど、ドイツ人がドイツで『エヴァ』を観た時に、アスカのドイツ語を変だってなんで気づくんですか？　吹き替えられてないの？

マライ　そう、だからもうドイツ語がそのままドイツ語なんですよね。各言語版ちょっと観比べたんですね、どうなっているのか。エントリープラグの中で、「ランゲージ〝ドイツ語〟」って言って、そこでとんでもないことを言う。ドイツ語になってんだかなってないんだか、くらいのあれで。がんばって言ってるんですけど。国によって日本の台本そのまま使っているバージョンもあれば、もう最初からドイツ語にしてないロシア語版もあり、めちゃくちゃセリフを増やしたバージョンもあって、それがドイツ語版なんですよ。だからその同じ時間で、たぶん4倍ぐらいのことを言ってるんです。ずっとしゃべりっぱなし。ベラベラベラベラ……。

小泉　早口にできるしね、ネイティブだから。

マライ　であと、おもしろいのが、その後もシンジ君が乗ってて、「あんたの思考が邪魔」

「あんたは今日本語で考えてるでしょ！」って、またイキって言うわけじゃないですか。そしたらシンジ君が「バウムクーヘン」って言うんですけど、ドイツではバウムクーヘンはそんなにメジャーな食べ物でもないので、ドイツ語版では言わないんですよね。それで、アメリカ版で確認してたらやっぱ違うこと言ってて、「ザウワークラウト」って！

小泉　「意外とよく知ってるじゃん」って（笑）。

マライ　それぞれの国が「ドイツといえば」って、だいたい食べ物なのがおもしろかった。

小泉　でもじゃあもう吹き替えているわけですよね？　そうすると、ドイツ語で観た当初は、アスカのドイツ語がヘンということには気が付かなかったってことですか？

マライ　基本吹き替えちゃうよね、ドイツって。なにげにすべてをドイツ語で観た可能性が。

小泉　じゃあ、いつ気付いたんですかね？

マライ　テレビはドイツ語で観た可能性があるんですけど、その後『エヴァ』にくわしい親友と出会って、彼の家で『The End of Evangelion（Ａｉｒ／まごころを、君に）』を含む、すべての映画とかをＤＶＤで観るのですが、その時は日本語だったはずです。

小泉　『ガールズ&パンツァー』なんかもそうですけども、やっぱりアニメの外国語難しいですよね。声優さんだってほとんどの場合はネイティブではないわけで……。

マライ　そうですよね。がんばってますよね、皆さん本当に。仕事上でドイツ関連の仕事は、様々なものが来ます。そこで感心したのはエロゲーですね。エロゲーの仕事が来て、そこの主人公たちがドイツ語をしゃべるんです。舞台の設定なわけなんですけど……。

小泉　それこそ必要ないでしょ（笑）。

マライ　中二病っぽさも入れたかったんでしょうね。そこでまずセリフを作ってそれを録音してね、エロゲーの生徒役の声優たちのためにちゃんとレッスンをやりました。あそこまでやったのはエロゲーだけなんですよ。

小泉　こだわってますねー。

マライ　やっぱね、まじめに作ってるんですよ、エロゲー。

小泉　『この世界の片隅に』の、主演ののんさんの広島弁どうですか、って広島の人に聞いてみたら、「まあまあじゃね」と言ってました（笑）。いろんなニュアンスを含んだ「まあまあじゃね」です。

マライ　うん、でもまあ、いいじゃないですか。たとえばドイツの映画でも全人類に観てほしいものがあって、『白いリボン』という作品なんですけど、ストーリーは別として、第一次世界大戦の直前の北ドイツのド田舎が舞台。その中にちょっとサイコパスな子どもたちがいるんですが、第二次世界大戦で大活躍するだろう、ということを暗示するすごい作品なんです。監督はオーストリア人なんですね。で、自分のひいきしてる役者たちを呼ぶんですね。ウィーンのブルックテアトルでいろいろやってる舞台俳優とかを。バリッバリのオーストリア弁ですからね。北ドイツが舞台なのに全然説明がつかない。

小泉　「オーストリア訛りなんだ、オマエ」って（笑）。

マライ　めっちゃ南部のしゃべりだよね。もうかろうじて聞き取れるくらい。

小泉　あ、そんなに違うんですか。

マライ　まぁそれは大げさですけど、でもやっぱり違うんですよ。がんばってきれいにしゃべれば、北ドイツ語になるだろうと考えたんだと思うんですが、なってないですからね。

小泉　『レッド・オクトーバーを追え！』のラミウス船長役のショーン・コネリーのロシア語も超ヘンですからね。「君はロシア語をしゃべるかな？」とかってセリフがあるんだけど、そもそもおまえしゃべれないだろ、という（笑）。

マライ　最近のアメリカ映画って話の中で登場人物がちょいちょい日本に来るじゃないですか。日本でだいたいヤクザのボスの娘がいたりして、ボスと会議を日本語でやったりするんだけど、うまく話せてなくて、ちょっとかわいいんです。

小泉　日本語がわかってしまうだけに入り込めない。

マライ　うん、がんばったね、みたいな気分になっちゃうんですよね。そういう楽しみ方もあるわけです。

註

（1）強制収容所の門に掲げられていたスローガン。もちろん実際には自由にはならない。

（2）１６９７年3月～１６９８年8月にかけて行われた大使節団によるヨーロッパ遠征のこと。ピョートルは偽名で使節団に同行し、自ら船大工として働くなどヨーロッパの技術・文明を吸収したが、本来の目的であった対オスマン軍事同盟については成果を得られなかった。

（3）ゼンガー爆撃機。全長3キロのレールからロケット加速により発進、大気圏上層部を水切りのようにスキップしながら飛行、再突入して米本土など、地球の反対側の目標を攻撃する計画だった。

（4）漫画家。『大砲とスタンプ』など、ロシアをモデルとした作品を得意とする。

（5）北海・バルト海交易の権益を基盤にした中世ヨーロッパにおける都市同盟。

（6）キールは第二次世界大戦中、潜水艦隊をはじめとして、ドイツ最大の軍港でもあった。ドイツ初の潜水艦を皮切りに、現在でもキールの造船所では潜水艦が作り続けられている。

（7）川崎キ45改屠龍。日本陸軍の双発戦闘機。松戸の第53戦隊は本機を装備し、B－29迎撃などに活躍したが、太平洋戦争の戦闘機としては影が薄い。

（8）キエフ大公国の正式名称。ロシア・ウクライナのルーツ。これを根拠にプーチンは、「ロシアとウクライナは兄弟国」であると主張する。

（9）ウラジーミル・ゲオルギエヴィチ・ソローキン。１９５５年生まれ、ロシア出身の小説家、劇作家。ポストモダンの旗手として現代ロシアを代表する存在である。現在はドイツ・ベルリン在住。

第四章
宮崎駿のメカ偏愛

小泉 悠（東京大学准教授）

高橋杉雄（防衛研究所防衛政策研究室長）

太田啓之（朝日新聞記者）

ゲスト
大森記詩（彫刻家）

○主な言及作品

『明けの彗星』滝沢聖峰
『宇宙戦艦ヤマト』
『海ゆかば』
『王立宇宙軍　オネアミスの翼』
『風立ちぬ』
『風の谷のナウシカ』
「貴機は着陸降下進路に乗っている――と思う」A・C・クラーク
『機甲創世記モスピーダ』
『機動警察パトレイバー』
『機動警察パトレイバー2 the Movie』
『機動戦士ガンダム』
『機動戦士ガンダム』富野由悠季（小説版）
『君たちはどう生きるか』
『銀河英雄伝説』田中芳樹
『銀河英雄伝説』
『グッドラック　戦闘妖精・雪風』神林長平
『紅の豚』
『さよなら銀河鉄道999』
『三体』劉慈欣
『新世紀エヴァンゲリオン』
『スター・ウォーズ』
『西武新宿戦線異状なし』　原作：押井守　作画：おおのやすゆき
『戦闘妖精・雪風』神林長平
『チェブラーシカ』
『地球連邦の興亡』佐藤大輔
『超時空騎団サザンクロス』
『超時空要塞マクロス』
『超時空要塞マクロス　愛・おぼえていますか』
『トムとジェリー』
『2001年宇宙の旅』
『2001年宇宙の旅』A・C・クラーク
『2010年宇宙の旅』A・C・クラーク
『日本沈没』
『ニンジャタートルズ』
『飛行艇時代』宮崎駿
『ふしぎの海のナディア』
『宮崎駿の雑想ノート』宮崎駿
『未来少年コナン』
『メガゾーン23』
『ルパン三世』
『るろうに剣心』
『連合艦隊』
『ロボテック』

宮崎駿は黄海海戦を映像化したかった

——今回、小泉悠さんがちょっと遅れておりまして、到着され次第のご参加です。

太田　いきなり『君たちはどう生きるか』のパンフレットの話から入っちゃうんですけども……。

高橋　パンフレット買わないんですよ。

太田　じつはパンフレットに、宮崎さんの製作メモがあって、日清戦争の黄海海戦をやりたかったと書いてあるんですよ。「人非人になれるなら、日清戦争の黄海海戦を映像化したいが、これは個人の趣味だ。ダメ」と……。

高橋　それ「人非人」というのは「マーケティングを意識しない」という意味ですよね、たぶん。

太田　どうなんでしょうね。マーケティングという意味もあれば、戦争を描くのは非人間的なんだということなのかもしれないですけども、非常に興味深い発言だなと。黄海海戦、しかも日清戦争というと、日本が初めて近代的な戦いに突入したという、ある意味運命的な戦いだと思います。『宮崎駿の雑想ノート』でも、「竜の甲鉄」という清国の軍艦「定遠」「鎮遠」[1]という、不沈艦の話を描いていて、この当時から企画を温めていたのかな、とも思いました。

高橋　僕は『君たちはどう生きるか』は、普通に正統派ファンタジーとして観ました。

太田　でもやっぱり零戦のキャノピー（風防）を出さないと気がすまないんだな、と思いませんでした？

高橋　それはそうなんでしょうけど、私はあまり深読みしたくないかなぁと思いました。

太田　宮崎さんのお父さんが戦時中に軍事工場「宮崎航空工業」を経営していて、零戦のキャノピーとかも作っていた。それが反映されていると思うんですけど。あと、冒頭のシーンを、僕は空襲だと思ったんですけども。

高橋　まあストーリーとしては空襲なんでしょうけど、発火点が一カ所しかないので、当時の爆撃でそんなことはありえないですよね。私は、普通には火災なのかなと。お母さんは火を象徴しているということではあるけど、爆撃かな？　という印象をあまり持てなくて。

太田　最初に空襲警報のような音、鳴るじゃないですか、「ウーッ」というのが。

高橋　ただ飛行機の描写はないし……。

太田　そうなんですよね。さっきの黄海海戦の話とも関わるし、今日のテーマでもありますが、宮崎さんは兵器とかすごい好きなんだけど、じつはアニメで本格的な戦闘シーンは描いたことがないというか、あまり描きたくないのかなと……。

高橋　そもそも、そんなものが描かれたアニメってあまりないんですよね。たとえばそうですね、黄海海戦の話で思い出しますが、『海ゆかば』っていう、日露戦争の日本海海戦を描いた映画があるじゃないですか。あれ、先頭で撃たれまくっている「三笠」の中で、どれぐらい死傷者が出たかっていうことをけっこう長い時間かけて描写していますけども、ああいう場面ってアニメでみたことないですよね。

太田　そうですね……。

高橋　石黒（昇）版『銀河英雄伝説』で、エックス線レーザーとかが直撃した駆逐艦の中の兵士がすごくつらい目にあう、かなり残酷な描写があるけど。普通ならそういう戦争のリアルとは全然かけ離れた兵士たちの負傷もだし、きれいに死ぬことが多い。かなりあっさり死ぬことが多いですよね。だからそういったことは、描かれたことはないし、アニメ製作において、描くべきだとも思われていないんじゃないですかね。

太田　ちょっと話が飛んじゃいますけど、『超時空要塞マクロス』の劇場版『愛・おぼえていますか』を観た時に、クライマックスって、ミンメイの歌とともに敵を総攻撃するものすごいカタルシスがあるシーンじゃないですか。あのシーンでいきなりワンカット、生首が飛ぶシーンがあって……僕当時大学生でしたけど、あのシーンはすごく嫌で。気持ちいい思いをしている時に、なんでこういうカットを入れるんだと思って、一生懸命お金貯めてビデオソフトを買ったんですけど、そのシーンだけ目をつぶるみたいなことをやっていました。

高橋　ああ、よくわかる。

太田　でも今思うと、なんか製作者の思いみたいなものもあるのかなと……。

高橋　どうなんでしょうね。たとえば、ご覧になってる人すごく少ないと思いますけど、『メガゾーン23』のパートⅡで敵方が送ってくる兵器で、主人公側の艦艇が壊滅する場面でもかなり腕が吹っ飛んだり、目が飛び出すとかって場面があるんですけど、ちょうど『愛・おぼえていますか』の直後ですよね。そういうのを描こうとする時代はあったのかもしれない。ただやはり多くの場合、日本のアニメにおける戦争は、少年が大人になる物語の、ひとつの舞台装置としての戦争なので、戦争のリアリティを描くことはまったく目的じゃないんですよ。そうなると、そういう描写ってなくていいんですよ。

太田　小泉さんと話したことがあることなんですが、表のカルチャーでは戦争を扱えない。扱ったとしたらまず「悲惨だ」みたいな文脈から入っていかなきゃいけなくて、もう少しリアルというか、外交の延長、国際紛争解決の手段としての戦争のリアルを描くのはなかなか難しい。さらにそこに、敗戦の鬱屈みたいな情念と相まって、サブカルのほうに流れ込んだんじゃないかな、というふうにも感じたんです。

高橋　どうなんですかね。創作の中の戦争ってそういうものじゃないかな、という気もします。アメリカのＳＦでも、一番有名なケースは『スター・ウォーズ』だと思いますけど、あれはまさに、カタルシスとしての戦いで。エンターテインメントの世界で「戦争とは何か」を描くことは誰も期待してないんじゃないでしょうか。だから、アニメを通じて戦争を理解したつもりになっちゃいけないんですよ。アニメのセリフを戦争のアナロジーとして言うこともほんと、いやで。「違うものだ」ってことを、私はすごく言いたいですね。

太田　宮崎さんは『紅の豚』で自覚的にやってますけど、あれは戦争ごっこなんですよね。

高橋　宮崎さんの映画の兵器描写って、ちゃんとそれっぽいじゃないですか。たとえば『紅の豚』で言えば、液冷エンジンの排気管からちゃんと、シリンダーが回るごとに排気が出ている。あれが全部揃って出ていたり、まったく出なかったら、やっぱり変な感じがするんですね。そういうところからストーリーに対する違和感を感じないですむんです。たとえばヘリコプターとかで、本来テイルローターは横に向いてなきゃいけないんだけど、前に向いて付いてたりしたら、もうその段階で、この作品ダメかもねという感じになる（笑）。

太田　やはりそういう「知ってるな」みたいなところが、重要ポイントですか。

高橋　そこで違和感あったら変じゃないですか。人間の形じゃないのに、人間として描かれているみたいなことで感じるであろう違和感と同じです。

太田　そういう意味で、これは入っていけるなという作品は、どういうものですか？

高橋　『機動戦士ガンダム』にも、「これ飛ばないよね？」っていう形のメカが出てきますけど、「ミノフスキークラフトを積んでいる」って、世界観の中でちゃんと設定がある。そういうことであれば、問題はないんですよ。

「ガンシップ」の燃料は水!?

太田　小泉さんが来てから、と思ってたんですけど、今日のために用意した「バカガラス」っていう『風の谷のナウシカ』に出てくる巨大な輸送機と言っていいのかな、の模型があります。劇中では「戦列艦」でしたっけ。

高橋　これで何分の1になるんですか？

太田　これは、縮尺72分の1。

高橋　72分の1でこのサイズ!?　デカい！

——製作者の大森記詩さんにも来ていただいています。

太田　本当に見て圧倒されるんですけども、これ作ろうと思ったきっかけはどういう？

大森　模型雑誌「スケールアヴィエーション」（２０１９年5月号）がMe－３２３ギガントの特集号だったんです。

太田　このバカガラスの元ネタと言われているのが、このMe－３２３ギガントというドイツの機体ですね。第二次大戦中の輸送機なんですけど、初めはグライダーでエンジンは付いていなかった。それでドイツ軍はこれを引っ張るための飛行機として、He－１１１という爆撃機を２つなげてHe－１１１Z[2]っていう機体をわざわざ作って、それで曳航しようとした。でも、「そんなことするよりも、コイツにエンジンを付けたほうが早いんじゃないか」ということに気づいて、エンジン６発付きのギガントができたんですね。これ、宮崎さんがすごい好きなんですよね。宮崎さんは、傑作機はあまり積極的に描きたがらない。やっぱり駄作系とか、「なんでこんなの作っちゃったんだろう。でも作ったから使わなきゃいけないよね」というような兵器を出すことが多くて、で、『未来少年コナン』にもこれをモデルにしたと思われる「空中要塞ギガント」というのが出る。これがものすごくデカい。全幅が２００メートル近くある。それが『ナウシカ』になると、実在するギガントにある程度近い形で出る。ギガントは、機首のカーゴドアが開いて、搭載車両を出したりできるっていうのが非常にかっこいい構図なんですけども……。

大森　開けましょう！（バカガラスの機首を開けつつ）当時やっぱり、「バカガラス」は開いたほうがいいですよねっていうことで……、はい、開きました。

太田　ひえ、内部までちゃんと作ってある。

高橋　開けたらなんか作らないわけにいかないでしょう。

大森　そうなんです。

太田　映画版のほうになりますけど、戦車ぐらい入るかな？　自走砲くらいは入るかな？

大森　製作時に、トルメキアの突撃砲を作るのか作らないのかって話にはなったんですけど……（笑）。アニメかマンガどちらに準拠するか悩んで。機体のプロポーションとしては、アニメ版やマンガ版のいろいろなカットから……。

高橋　全角度描写ありました？

大森　いや、全角度はないんです。やはりマンガ版もそうですし、アニメ版も、構図としていい絵を作るための角度設定なので、やっぱり真横とかはないし、カメラのレンズも違うし、縮尺とかも必ずしも同じではないんです。下方からの絵とかそういうものもなかったので、もうひたすら想像をしていくしかない。でもそれは、立体化する時のモデラー側へのご褒美なんですよ。これがなんのためにあるのか、銃座の配置をどうするかとか、あの時開いてたハッチはどこだったのか？　とか、そういうことを想像できるのは、立体化のご褒美で、楽しくて。

太田　やはり実機のギガントに似てますね。本物のギガントも翼に銃座があるんですよね。途中から付け加えたやつで、こんなところに付けられるのかって。あとやっぱり車輪、着陸脚の車輪が露出しているのもいい。これ、スケールで全長何メートルくらいです？

大森　今回、文藝春秋さんに運ぶために、メジャーを翼に当てたところ、だいたい１４５センチの翼長でした。それに72かけると、だいたい１０４メートルくらいですね。

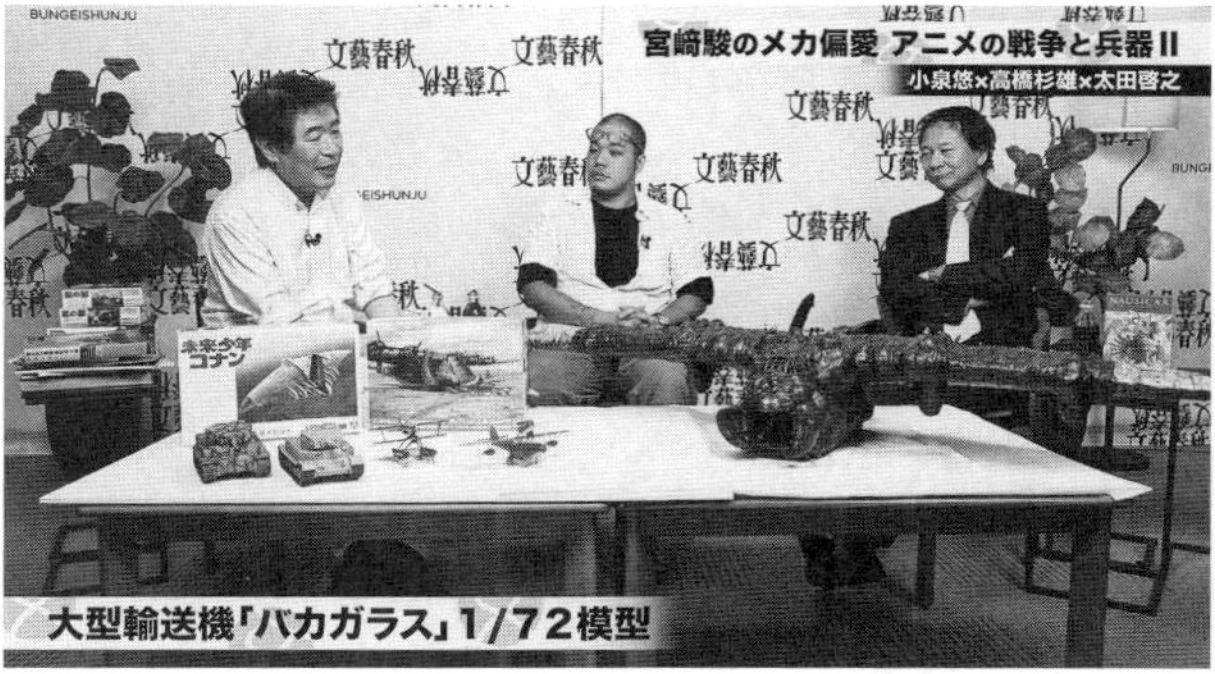

彫刻家・アーティストの大森記詩氏が製作した1/72バカガラス。前扉含め、各所可動する恐ろしいモデル。
「2013年に『スケールアヴィエーション』で『風立ちぬ』特集があった時に、宮崎さんの劇中の『線』、パネルラインとかの量感を表現したいのでテクスチャーでそのまま再現できないか？　というご相談をいただき、『重装コルベット』を作ったんです。じゃあ今度は『バカガラス』を作りませんかって話になり、製作しました。スケールは、このテクスチャーも含めて再現するなら、少なくとも72分の1からじゃないと難しいですよねと、『重装コルベット』製作時に担当さんと話をして、1/72になっちゃった」（大森）

高橋　104メートル（笑）。
大森　まったく一緒ではないんですけど、ムリーヤ[3]の翼長が比較的近かったんです。機体の長さ自体はムリーヤのほうがもっと長い感じでした。これぐらいの翼長の機体は物理的にはあるんだな、と思いました。マンガ版のカット、アニメ版のカットを見ながら、このくらいなら皆さんに許してもらえるだろうってことで、サイズを決めました。
高橋　太田さんが持ってきてくださったこの『紅の豚』の模型って72分の1……？
太田　これは48分の1です。バカガラスの手前の「ガンシップ」がちょうど同じ72分の1ぐらいなので、大きさの比較がわりとしやすいかな。こうしてみるとやはり劇中もこのぐらいでしたね。そういえば、ちょっとオタクっぽい話をさせていただくと、ガンシップのエンジンは過去の文明の遺跡から発掘品したもので、ナウシカたちの持つ技術では作れないっていう設定なんですよね。
高橋　発掘されるエンジン、同じ規格のものが揃っていないと作れないですよね。
大森　あの世界において、エンジンの保有数は国力なんだという話がありますよね。トルメキアは周囲を併合したいし、征服していく中で、各地からエンジンをかき集めて、それで似たようなエンジンをベースにして、こうやって戦列艦や「コルベット」や「ケッチ」やら「バムケッチ」（いずれも『ナウシカ』に登場する航空機）やらの機体を作っていく。その数を揃えられるから、大国であると。

太田　エンジン鉱山って各地にあるんじゃないですか。だから勢力圏内にどんなエンジンがあるかによって、手に入るエンジンで作る飛行機の設計も変わってくる。

高橋　プラット・アンド・ホイットニーの山とか、ロールスロイスの山とか（笑）。

太田　あと『ナウシカ』世界の飛行機って、空気取り入れ口がないんですよね。この「バカガラス」も「コルベット」も。こともあろうに宮崎さんがエアインテークの存在を忘れるわけがないので、これはやはり意図的にやっているとしか思えない。僕なりの妄想ですけども、これは全部ロケットエンジンじゃないかなと思って。

高橋　うん、そう考えるべきなんでしょうね。

太田　宇宙船用のエンジンを使っているんじゃないか。そうすると、燃料ってなんや？　っていう疑問はありますが。

高橋　酸化剤も必要ですしね。

太田　燃料はただの水じゃないかなと思っているんですよ。マンガ版で一コマだけ燃料水のタンクが破損した、という描写が出てくるんですね。劇中で燃料の調達に苦労するシーンってあまりなくて。しかも出てくる飛行機、みんな翼が分厚いんですよ。翼の中に、推進剤兼反応剤として水を溜めている。宇宙を行くぐらいですから、効率が高くて少しの水で、ものすごい高圧の水蒸気を噴射して推力を得てるんじゃないか、っていう妄想なんですけどね。

高橋　アーサー・C・クラークの『2001年』シリーズは、宇宙船の推進剤が水ですよね。

太田　ああ、そうなんですか！

高橋　水を原子炉で加熱して噴射する……。

太田　水は惑星に行けば補給できる。

「車輪が付いた飛行機出さねぇぞ」みたいな謎のこだわり

——小泉さん、いらっしゃいました（大森退席）。

小泉　すいません遅れまして。えええええ！　でっかい「バカガラス」!?

太田　小泉さんが「バカガラス」が好きだっていうから一生懸命手配したんですよね。

小泉　これ、キットは出てないですよね？

太田　もちろんそうです。

高橋　出たらすごいよね（笑）。

太田　あったら買うけど。

小泉　作るかどうかは微妙……（笑）。

太田　デカいからね。

小泉　あのエンジン、明らかに普通のジェットエンジンじゃないですよね。
太田　いま、『ナウシカ』の世界のエンジンは、ロケットエンジンじゃないかという話をしていました。
小泉　ロケットはロケットだけども、大気圏内用ロケットなのかもしれないですよね？　宇宙船ではなくて……。
太田　宇宙船ではなくて、大気圏内用。Me－163コメート[4]みたいなやつかな。
小泉　風の谷の「ガンシップ」とかも、明らかにちゃんとした工業製品じゃないですか、前の文明の。やっぱり何か、滅びる前の旧文明がもうジェットエンジンは使ってなかったような感じがしますね。
太田　それまでの文明を滅ぼした最終戦争の「火の七日間」の後も、比較的文明水準を維持していた「エフタル」という国が作った機体っていう設定ですね。
小泉　そっか。なるほどね。
太田　エンジンまで作れていたかどうかはちょっとわからないですけどね。「ガンシップ」は、エンジンを2つ胴体に積んでいるんですよ。それで、噴射孔は左右3つずつあるんです。
小泉　「ガンシップ」の計器って謎じゃないですか。
太田　謎（笑）。

小泉　アニメ版で「姫様、エンジンが爆発する！」って言ってる時の計器は、よく見たらなんかボコボコ（液体が）わき出るような、明らかに旧世界のディスプレイじゃないものがついてますよね。なおかつ改めて「バカガラス」を見てみると、後から無理やり作った感じがすごいしますよね。よく見ると全然左右対称じゃないですよ、コレ。いろんなものをベシベシくっつけていっていて、層流翼至上主義者に言ったら卒倒しそうな……（笑）。

高橋　そういう概念じゃないね（笑）。

太田　翼型とかもう気にしてないのかなと。

高橋　強度計算してやってんのかどうか。

小泉　そもそもこの世界の人たち、ちゃんと揚力が発生する仕組みがわかってんのかな。

太田　トルメキアはそういう感じですよね。でも「ガンシップ」とか見ていると、翼の形がすごい綺麗なんですよね。設定を見たら、翼端部は可動するらしいんですよ。格納のためかもしれませんが。

小泉　あ、そうなんですか。下半角がついていているし。

太田　そうそう下半角が付いてて、やっぱり無尾翼機のイメージで作っているんですよね。まさにコメートの進化形みたいな。『紅の豚』の戦闘飛行艇も、やっぱり翼の形がすごいきれいなんですよ。

翼端に吊り下げられたエンジン。翼の上に機銃座があり、トルメキア兵が乗っている。

小泉　やっぱ、宮崎駿の飛行機に対するフェティシズムってあるんですよね。こういう飛行機がセクシーみたいな。

高橋　僕は鳥人間コンテストで人力機を作っているのを見ているんですよね。骨組みとかリブとかを見ていると、実際ああいう機体があるので、映像化するというのがすごい……。

小泉　『紅の豚』を観てもそうなんですけど、「ブタ」のサボイアS.21戦闘飛行艇って、じつは微妙に翼が逆テーパーなんですよ。このプラモもちょっとほら、外側のほうが膨らんでる。

太田　そうそう。

小泉　そんな逆テーパーがわかるシーンが劇中にちょこちょこあるんですけど、プラモもね、さすがファインモールド[5]さんなんですよね。

太田　宮崎さんが全幅の信頼を寄せる模型メーカ

ーですから。

小泉　やはり見た瞬間にわかるファインモールドっていう。

太田　これ、プラモデルとして設計がすばらしいんですよ。主翼を支える支柱がこういうふうにあって、「カーチス（R3C－0非公然水上戦闘機）」もそうなんですけど、下手に設計すると支柱の角度を決めるのがすごい難しい。その点、ファインモールドのキットは誰でも組めるよう工夫されている。

小泉　複葉機は本当に難しいですね。翼間に細い張線《トラス》が付いてたりすると悪夢のような……。

太田　さっきの翼型の話で言うと、ポルコの戦闘飛行艇のもとになった、マッキM33[6]っていう機体なんですけど、これだと見てわかるとおり直線翼なんです。

小泉　完全に直線翼ですね。

太田　あんまりかっこよくない。実際のシュナイダーカップで、カーチス[7]にボロ負けした機体なんですけどね。宮崎さんはなんとこの写真を子どもの頃に一回見たきりだという。その後、それを再現しようと思って描いたら、明らかに実物よりもはるかにカッコよくなっている（笑）。

小泉　脳内で理想化された昔の彼女がすごいよかったなみたいな。

太田　宮崎さんの中で熟成されてね。アニメーターが写真を見て描くとめっちゃ怒るらしいんですよ。〝見て覚えて描け〟ってことなんですね。

小泉　見て覚えて、それを脳内で処理したものを出力するっていう……。

高橋　写真を現像する時に、実際の色でやるか、記憶した色でやるかっていうのと同じかな。

太田　記憶で描くと、宮崎さんの場合、才能があるからどんどん美化されていく。やっぱり飛行艇ってところがミソだと思うんです。単発の水上機って「カーチス」みたいな下駄履きがスタンダードですけれども、イタリアだけはなぜか飛行艇にこだわるんですよね。[8] アドリア海ってすごく波が静かなところだったので、なんとかなったんじゃないかと思うんですけど。カーチスはものすごくコンパクトにまとまっていて、飛行艇で勝てるかどうかというのはギリギリのところ。でも、やはりこれになんとか勝たせたいというのは、滅びゆくものへの美学みたいな宮崎さんのフェチたるゆえんかな。

小泉　この時代設定にしては、異常に飛行艇ばかり出てくる映画ですよね。最後「イタリア空軍のお出ましだ！」と言うけれども、あれも結局飛行艇爆撃機みたいのが迫ってくる。徹頭徹尾、普通に車輪が付いた飛行機出さねぇぞ、みたいな謎のこだわりを感じますね。

高橋　あの映画はね。

小泉　この速度領域で翼を後退角にする意味あるんですかね？　完全に趣味ですよね？

高橋　時代的には後退角の意味をわかっていない頃だよね。意味がわかるのはナチスドイツ時代。ただ、空力的に言えば、自己安定の作用はある。

小泉　でもほら、「ブタ」が、フィオが描いた図面を見ながら、「取付角をもう0・5だけ増してくれ」とか言ってるじゃないですか。後退角というか、翼に角度を付けることの意味を理解してる人がいるんですよ、あの作品のどこかに。イタリアの超科学でわかったのかも（笑）。

太田　あの取付角の話って、上反角の話じゃないですか？

小泉　あ、上反角の話をしていたのかなぁ。

高橋　あと、失速特性かも。ひねり込みする場面があるでしょう？　そこで失速特性との関係が……。

機体は汚れているほうがかっこいい

小泉　さっきの宮崎さんの、「資料は見ろ。しかし資料どおりに描くな」みたいのって、すごいわかる。いろいろなものを見にはいきたいんだけど、そのものにはあまり興味がないんですよ、僕は。実物を見ている間は意外と冷めていて。いろいろなものを見にいった後に、自分の脳内で再構成した世界で遊んでいるのが一番楽しくて、その感じはわかるんですよね。

太田　小泉さんはけっこう「宮崎的」なのかもしれません。

小泉　宮崎さんはクリエイターだから、脳内で楽しんだものを出力しろということを言っているんじゃないかという気が。

太田　そうそう。宮崎さんも言っていますけども、航空機の博物館で、実物を見るとこうなんか……。

小泉　思ったのと違うみたいな。

太田　なんだかね、剝製を見ているみたいな感じになって……。

高橋　それはわかるな。

小泉　別のエピソードですけど、アニメーターが鳥の動きを正確に再現したら、宮崎さんが「違う！」と。でも鳥の飛び方はこうですよって言ったら、「鳥のほうが間違ってる！」みたいなキレ方をしたって（笑）。宮崎さんの中にたぶん正解があるんですよね。

高橋　宮崎アニメーションとして動かすってことを考えると……。だから『君たちはどう生きるか』の青サギは……。

小泉　僕、観てないんですよ。

太田　あ、観てないの？

小泉　僕は流行りものを数年待つという天邪鬼なアレがあり……（笑）。戦車出てきます？

高橋　ああ、出てくるね。

小泉　やっぱ出てくるんだ戦車は（笑）。

高橋　ただ行進してるだけ。
太田　パレードのシーンがね。あれはやっぱり日本の戦車の貧弱さを示したかったのかな。あと零戦のキャノピーが出てくる。
小泉　なんかその、零戦のキャノピーが出るという話をね、太田さんが打ち合わせメールの中でしきりにされていたので、出るんだろうなぁと……（笑）。
太田　三分割じゃないですか、キャノピーは。でも映画の中では一体になって運ばれてて、気になっちゃって。
小泉　あ、ちなみに実物見ると意外と違うな？　と思ったのは、先日、オスプレイの実物を初めて見せてもらったんですよ。でも、なんか錆だらけで。一緒に行った日本人も、すげえ最新兵器だと思ったら、ボロボロだね……って。
高橋　それは使っているから。
小泉　海の上を飛んでいるからですね。でも兵器ってそういうもんですよね。
太田　現用の米海軍機とかもうめっちゃくちゃ汚れているじゃないですか。やっぱりあれは何十年も使っているからですよね。
小泉　しかも、海の上だから、すぐ錆も出るし、錆が出ないようにそこだけレタッチして塗るから、色がどんどんマダラになっていく。空軍機に比べて、圧倒的に米海軍機のマダラっぷりは違うんですよ。ピースコン（エアブラシ）で塗りがいがあるんですよね（笑）。

太田　でもあれ、空気抵抗が馬鹿にならんよなとか思って。あんなザラザラした表面で。

高橋　まあでも輸送機として使うのであれば、それはそんなに……もちろん綺麗なほうがいいだろうけど、っていうことじゃないですか。

太田　ホーネットとかもすごく汚れてますよね。

小泉　でもそれがまたカッコいい。

高橋　ステルス機はまじめに塗り直さなきゃいけないからたいへんだよね[9]。

太田　たしかに。F-35とか……。

高橋　めっちゃくちゃランニングコストがかかるわけです。

太田　艦上型はすごいだろうな。

小泉　F-22もハワイで見ましたけど、意外と生で見ると表面荒れてますね。やっぱり戦う武器なんだなというのはよくわかりました。

高橋　ロンドンのインペリアル・ウォー・ミュージアムってレストアしないで出してるんですよね。たしか零戦の三二型のコクピット周辺とかそのままで。最低限の修復だけ施して新品同様には戻さない。

小泉　要するにそういうものを保存するというコンセプトなわけですよね。

高橋　スミソニアンはもうきれいにして、ある種倉庫の中で見ているような感じですよね。

太田　フィンランド中央航空博物館というどマイナーな博物館があるんですけど、そこではブリュースターB－239[10]、フィンランドでは「ブルーステル」と呼ばれていた戦闘機で湖から引き上げたやつをそのままの形で展示してるんですよ。すごく見てみたい。もともとロシア側の領土に落ちていたんだけど、フィンランドに貸し出されてずっとそのまま置かれているらしいんですけど、やっぱりリアルですよね。湖の中にいたから案外保存状態はいいんです。

小泉　この前の話ですね（笑）。酸素の少ない泥の中に埋まっていると、ほぼ腐食しないらしいんですよ。

太田　引き上げてみたら色とかも当時のままで、マジでびっくりするんですよね。

小泉　やっぱりほら、アジアってあったかいし、最終的にどんどん土に還っちゃうじゃないですか。ヨーロッパの冷たい土の中に埋まってるものっていつまでもあのまんまっぽいですね。

高橋　それで何千年かして、発掘されて……。

小泉　「バカガラス」みたいに発掘されて（笑）。

太田　たぶん、トルメキアは金属がまだちょっと出ると思うんですよ。だからリベットでこういうふうにつなげて……。で、旧エフタル、風の谷のあたりではもう出ないから、セラミックとかオウムの殻とかで機体を作ってるんやろうな、という想像ができるところがまたうれしかったりするんですよね。そういえば、さっき『ナウシカ』の機体って、インテーク（空気取り入れ口）がないって話あったじゃないですか、でも「メーヴェ」だけあるんですよ。

小泉　あー、あるある。前んトコ開いてる。

太田　開いてるでしょう。なんでだろうと思ったんですけど、「メーヴェ」の重さって何キロか知ってます？　12キロなんですよ。

小泉　ああ、燃料積めないのか。

太田　そう。水たっぷり積めないから、あれも燃料は水だと思われるんだけど、たくさん積めないから、「メーヴェ」は反応剤としてしか使っていない。で、推進剤として空気を取り込んでいる。どこまで考えているんだ!?　とか、こっちが考えすぎなだけかもしれんけど（笑）。たぶんあれ、エフタル特有の技術なんですよ。だから過去の戦争でも戦闘用「メーヴェ」みたいなのを使っている場面が出てくる。

小泉　たしかに空挺作戦に使いやすそう。〝メーヴェ・ボーン〟……。

高橋　（笑）。

小泉　そこはほら、一〇〇式短機関銃を持って、「メーヴェ」が次々、パレンバンに降りてくる（笑）。

太田　すごいなぁ（笑）。パラシュート兵のかわりに「メーヴェ」が降下してくる。あと、土鬼《ドルク》がまた全然違うじゃないですか。

高橋　あれも謎ですね。

小泉　そうですね。浮き砲台みたいなのとか……。

高橋　飛行石みたいなやつ。

小泉　明らかに反重力飛行しないとあれはできないやつですよねぇ。「火の七日間」は、今の我々よりも進んだテクノロジーの時点で起きているから、発掘されたものがこうなるわけじゃないですか。もし、１９６２年にキューバ危機で人類が滅びたら、その後の『風の谷のナウシカ』だと、発掘したＭｉＧ－15[11]とかを使ってた可能性があるわけですよ。

高橋　あるいはもう、それこそジェットエンジン使えなかったりね。

小泉　でもロールスロイス・ニーン[12]とソ連のコピー型（ＲＤ45）あたりは、相当文明レベルが後退しても使える気がするんですよね。

高橋　ナウシカもなんか、「メーヴェ」じゃなくてＭｉＧ－15のパチモンみたいなのに乗って（笑）。

太田　いやいや、宮崎さんはジェット機は死んでも出さないですよ。

小泉　でもほら、『紅の豚』の一番最後のシーンで、ジェット水上艇乗ってるでしょ。

太田　たしかに。ボツになったシーンですけど、「ブタ」のサボイアにターボプロップエンジンを付けて、二重反転ペラを付けて、ジェット旅客機を追い抜くっていうシーンが作られていたそうですね、カットされたけど。

小泉　二重反転プロペラのサボイア……見たいんだか見たくないんだか。

「鳥」は宮崎駿の飛行機の原点

小泉　僕が言わせてもらいたいのが、『風立ちぬ』のラストシーンで出てくる零戦のカッコ悪さはなんなんだって話なんですよ。あのプロポーション、微妙になんかちゃんとしてなくないですか。

太田　いや、僕ね、宮崎さんに会った時に思わず、「あの零戦カッコよくなかったですね」って言っちゃった（笑）。

小泉　けっこうみんな思うんだ（笑）。

太田　すごいムッとした感じが伝わってきて、やばかった（笑）。いやーあのシーンは宮崎監督自身が描いたのかもなぁと思って。

高橋　カッコいいというか、違う意図を持って作った場面のように思いますね。なんかこう、生き物のように描いてる。

小泉　鳥が群れで飛んでいくような飛び方をしているなという感じはしましたね。

太田　そうなんですよね。宮崎さんの場合、やっぱり鳥への憧れが飛行機好きの原点にあって、今回の映画も鳥ばっかりこう、わぁっといっぱい出てくる……。

高橋　でも、押井守の鳥のほうが……なんか怖い。

小泉　あれは押井守が自分で言ってるじゃないですか。鳥は不吉なもの……。

高橋　もうあれ、ヒッチコックのっぽい鳥だけど。

小泉　また『パトレイバー2』の話をしてしまいますけど……。

高橋　『1』でもいいけどさ（笑）。

小泉　「Ultima Ratio」（と書かれた飛行船）と一緒に、鳥がいっぱいわぁーっと飛んでいくシーンがあるじゃないですか。

高橋　「ここには人間なんていないよう！」の鳥とかね[13]。

小泉　いいっすねぇ。

太田　だから「メーヴェ」も鷹とかに似てるし、『風立ちぬ』で言うと、最初のシーンで二郎が夢の中で妄想飛行するシーンが出てくる。あれも、猛禽類の翼なんですよね。先端のほうが枝わかれしてて。そういう憧れみたいなものをすごく感じます。

小泉　宮崎駿の描く、F-15とか見てみたい感じもしますけど（笑）。

太田　死んでも描かないでしょうね（笑）。

小泉　宮崎駿のF－22とかね。見たいような見たくないような。

高橋　B－21とかね（笑）。

小泉　『雑想ノート』といえば、「九州上空の重轟炸機」の搭乗員の食事シーンを見ると僕は時々、ニンニクの芽炒めを作ってしまうんです（笑）。ひたすらニンニクの芽だけ炒めて、これでごはんを食べるということをね、たまにやってしまいますね。

太田　それ、たぶん宮崎さんの妄想ですよ。

小泉　たしかに。このニンニクの芽の話は、宮崎さんが中国に行った時に、ひたすら毎日ニンニクの芽のおかずばっかりだったことがあって、それできっと爆撃機のパイロットもニンニクの芽をおかずにして飯を食って出かけたんじゃないかな？　という、そんな話でしたよね。あとね、「特設空母　安松丸物語」。あの物語はねぇ、シビれるんですよ（笑）。これで僕は、九六艦攻[14]を知って、のちの滝沢聖峰先生のマンガの「白鯨」をモチーフにした話[15]で九六艦攻に萌えて、この2つが、僕の中の二大九六艦攻話です。

高橋　私はどっちかというと「愛国丸」（インド洋で通商破壊を行った仮装巡洋艦）のことを思いながら読んでいます。

小泉　宮崎監督は目の付け所がシブいんですよね。「最貧前線」の九六艦攻の迷彩が、はい、カッコいい！　みたいな（笑）。

太田　そうですね。これもやっぱり空想でしょうね。日本海軍機を見ててちょっと悲しいのが、塗装がイマイチってとこで……。

小泉　そんなパッとした感じの迷彩柄はないですよね。

太田　もうちょっと陸軍機みたいなバリエーションがあるとプラモオタクとしてはうれしかったりするんだけど。

小泉　ただ、色が褪色した日本海軍機はカッコいいっすよ。テクスチャーのテカテカした緑色の「零戦」とか「彗星」ばかり想像するんですけど、南方とかで散々くたびれきって褪色して、黄緑みたくなったような、ハゲチョロも出ている帝国海軍機は死ぬほどかっこいい!!

高橋　たしかにたしかに（笑）。そういえば、『風立ちぬ』で七試艦戦[16]を飛ばしてるでしょう。あんなものを飛ばすって。白黒写真何枚かしか残っていないじゃないですか。

太田　あれも、原作のマンガ[17]だと、ものすごく細かく描いているんですよね。当時の各国がどんな戦闘機を作ったかとかね。当時の日本の技術水準とか、技術者がどういうふうに苦闘したかを、史料をもとに独特の想像力と洞察力で把握して。でもそういうのは、映画では全然描かないんですよ。ワンカットというか、「落ちた」というそれだけで終わらせちゃう。やはりそこは、鈴木（敏夫）さんもよくおっしゃっていますけど、「宮さん（宮崎監督）は自分の作りたいものは作ってないんだ」と。

高橋　でもだとすると、あの映画のパッケージアートが九試単戦なのはどうかと思います。一般人に観せたい映画として九試単戦って（笑）。

太田　普通は堀越二郎っていったら零戦の話やるんやろうけど。でもあの人はなんかその前の話、のちの九六艦戦になる試作機、九試単戦の話をね。

高橋　だってあれシルエットを見て九六艦戦の試作機ってわかる人はほんのわずかですよ。

太田　しかもあれ、ガル翼だから九試単戦の1号機ですから、ほとんどマニアでも知らないような機体ですよ。でも、あれが宮崎監督の中で一番綺麗な日本機ってことになっているんですよね。

宮崎作品とタバコとロシア人の倫理観

高橋　宮崎作品、えっれータバコ吸いますよね（笑）。

太田　『風立ちぬ』でもけっこう物議を……。タバコが、〝ラブシーン〟になってるから。

高橋　『君たちはどう生きるか』もタバコ吸ってるじゃないですか。

太田　あったあった。タバコあった。

小泉　まだ喫煙シーンあるんですか？

太田　それもしつこくね。やるんですよね。

高橋　もうね、わざとやってるよね。

小泉　ちなみにロシアの『チェブラーシカ』あるじゃないですか。チェブの友だちであるワニのゲーナはずっとパイプをくわえているキャラなんですよ。でも、最近のロシアは法律が厳しくなって、子ども向け作品に喫煙シーンを入れてはいけないということになったので、ＣＧで消してるんですよ。

太田　60年代の人形アニメのやつをＣＧで消しちゃうんだ。

小泉　そこの執念すごいですよね。『王立宇宙軍』の、シロツグが押し倒すシーンとかどうすんだよ？　って。

太田　あのシーン、ちょっとイッちゃってるような気がするけど。あれ、いいシーンなんだけどな。

小泉　そう。だから昔の感覚をやっぱり今の価値観で断罪しちゃいかんですよ。

高橋　でも、ロシアって死刑もないしさ、意外とこうリベラルじゃないですか？

小泉　いや、死刑がないかわりに刑務所から出てこられるかどうかわからない。

高橋　あと窓から落ちることもある。

小泉　「交通事故」にも遭うし。

高橋　飛行機も落ちるし。

小泉　刑務所を出たければ「ワグネルチャレンジ」で、傭兵に応募して戦地にいって恩赦してもらうしかない。どっちもごめん被りたいですが（笑）。

80年前のナチスドイツの超技術

小泉　あ、そのプラモ、ポルシェティーガーじゃないですか。
太田　宮崎さんの話をするんだったら、ポルシェティーガーだと思って……。
小泉　「これからの時代は電気だ〜！」ガガガガーッ、みたいな。
太田　ちょっとご存じない方もいらっしゃるかも。いらっしゃらないかもしれないけど。
小泉　ご存じじゃない方は、この本読んでないよね？（笑）
太田　いちおう説明すると、ドイツ軍に制式採用されたティーガー戦車はヘンシェル社の作った「戦車といえばこれ」みたいな超人気戦車。こっちはポルシェ博士が作った「ティーガー」。だいたい兵器って競作するじゃないですか？　ガンダムでいうと、「ゲルググ」と「ギャン」を競争試作したけど、「ギャン」が負けて、制式は「ゲルググ」になった。お下がりがマ・クベのところに行ったみたいな。
小泉　あれ、そういう設定なんですか。
太田　そうなんです。ま、それは置いておいて。で、宮崎さんは、のちに王道のヘンシェルのほうも描くんですけど、ポルシェティーガーのほうを『妄想ノート』で最初に描くんですね。

小泉　そういう人ですよね。

太田　試作したのが、マッドサイエンティスト気質のあるフェルディナント・ポルシェ博士。ヒトラーの肝いりで。要は歴史上もっともエコじゃないハイブリッド車になったわけです。

小泉　まぁでもほら、この時点でオール電気推進艦というものもあるわけで、それを陸でもやろうと思った発想は間違ってはいないというか、理解はできますよね。

太田　作ってみたけど全然ダメということで、ヘンシェル社製が採用されたんだけど、宮崎さんはそれでは諦めきれないというか、こういうものに逆に萌えるんですね、このポルシェティーガーが実戦で使われたらどうだっただろう、という、マンガを描いてるんです。ところが、驚いたことに、この作品が描かれた3年後くらいに、ドイツ人のむちゃくちゃなオタクが実戦投入されたポルシェティーガーの写真を見つけてきたんですよ。

高橋　ええ!?　どこで使われたんですか？

太田　これはロシアなんですよ。

小泉　え？　じゃあロシア戦線！　じゃあ、『雑想ノート』の妄想ストーリーそのものじゃないですか？

高橋　宮崎監督の描くようにクルスク[18]だったかどうかは別にしてですね。

実戦投入されたポルシェティーガーが掲載された写真集。

太田　クルスク戦から1年くらい遅れてロシア戦線に行ったらしいんですよ。

高橋　じゃあバグラチオン[19]か何か……。

太田　妄想力がすごいなと思って。やっぱりそこが宮崎さんの真骨頂というか……。

小泉　ちなみに、このヘンシェルのティーガーとポルシェのティーガー、砲塔は完全に同じなんですか？

太田　砲塔はもともとポルシェさんが設計したもので、ヘンシェルもそれを採用しています。細部は異なりますが。ヒトラーはもう完全にポルシェティーガーを採用するつもりだったんです。１００両くらい発注していて、砲塔も作っていた。だから、砲塔のほうは小改造してヘンシェルに載っけたんですよね。余った車両のほうは、駆逐戦車フェルディナント（のちのエレファント）になった。本当にヒトラーはポルシェが好きですね。

アバディーン戦車博物館にあるパンターの二重転輪。

撮影　高橋杉雄

高橋　『雑想ノート』にも描いてあるけども、ヘンシェルの「千鳥型転輪」……。

小泉　互い違いになってるやつね。

高橋　これはアメリカのアバディーンの戦車博物館に、実車があるわけですよ、当然。パンターもあるし、ティーゲルもある。

太田　全部野ざらしですよね。

高橋　そうなんです。あとはイラクから回収したT―72長砲身型とかもあるんだけど。この転輪やっぱりすごいですよ。生で見ると異様な構造で。

小泉　やっぱドイツ人て「どこまで行けるか試してみたい」みたいな感じなんですかね。80年前のテクノロジーでこれやっているわけで、80年前のテクノロジーで今のMBTと同じ重さの戦車を動かしてるなんて、どだい無理があるんですよ。むしろナチスドイツの超技術で動いてる（笑）。あと『風立ちぬ』で二郎がドイツの飛行機工場を見るシーンって、全然違うレベルのテクノロジーに出会うっていう「ファーストコンタクト」モノみたいな感じでおもしろかったですね。

太田　実際、全然見せてくれなかったらしいですね。なんか部屋に押し込められて、図面見せられて、「これを写してって」って言われて、それで終わりだったそう。やはり警戒心がすごく強かったみたいで、ドイツ人も。

小泉　そりゃいきなり極東からわけのわからないのに来られて、そんなになんでもホイホイ教えませんわな。

アメリカ人には「連続モノアニメ」という概念がなかった

高橋　そういえば、『ナウシカ』の英語版、全巻持ってきました。

太田　これは原作マンガに忠実ですけれど、映画のほうは、タイトルを『ウォリアーズ・オブ・ザ・ウィンド』（「風の戦士」）、に変更されてなんかめちゃめちゃに……。

小泉　ナウシカがオーマ（巨神兵の末裔。マンガ版に登場）に乗って、ビームサーベルみたいなものを持ってて、明らかに「おまえ、観ないで描いただろ！」っていうポスターありましたよね。

太田　あれはジブリの黒歴史だし、これ以来改ざんは許さないみたいな空気になります。

高橋　でも、『ナウシカ』は劇場作品で１本だから、わかりやすいんです。作品そのものじゃないですけど、米国に行っていた時に、けっこう日本のアニメが、英語吹き替えでやってて。

でもね、1話完結物のアニメと同じ扱いを受けていて、『ファーストガンダム』がどこで切れてたっけなぁ、ジェットストリームアタックが出るか出ないかぐらいでバチッと切れて、第1話に戻る、みたいなことがあったんですよ。

小泉　戻るってどういうことですか？

高橋　単純に戻るの。『トムとジェリー』みたいな1話完結のアニメと同じ感覚で、ひたすらこの期間だけを英訳が間に合ったやつで埋めていく。『るろうに剣心』なんかも斎藤一が出てきた時に終わって、また第1話に戻ってる。「なんだこれは！」っていう。

太田　めっちゃ飢餓感あおりますよね。好きなヤツにとっては「続きはどうなってるんだ！」って。

高橋　だってこれ十数年前の話ですから、たぶんごく最近まで、日本のアニメが全体としてどういうものなのかってことがわかっていなかったんです。

小泉　「連続モノアニメ」っていう概念がなかったってことですか？

高橋　なかったんでしょうね。

小泉　たしかに『ニンジャタートルズ』は1話で完結でしたね。

高橋　1話でいい。あるいは15分だけでいいみたい。

太田　大河アニメは日本から来たと。『ロボテック』というのがあって……。

高橋　あれ、めちゃくちゃじゃないですか。

太田　『マクロス』『（超時空騎団）サザンクロス』『（機甲創世記）モスピーダ』を全部一緒にしてるっていう……。

小泉　なんだそれ（笑）。

太田　要するに放送期間の問題で全部くっつけなきゃいけないみたいなね。ひどいんですよ。

小泉　くっつけようがなくないですか？（笑）

太田　どうやってくっつけたんだろ？　ちょっと観たいですよね。

小泉　想像もつかないですけどね。

「トゥールハンマー」「グランドキャノン」「ソーラ・レイ」……巨砲兵器の戦場

高橋　アニメ独特のあるいは創作独特の概念としての巨砲兵器、それこそ「トゥールハンマー」（『銀河英雄伝説』）とか「波動砲」（『宇宙戦艦ヤマト』）とかは好きなんです。

小泉　巨砲って、いわゆる〝ビッグガン〟てこと？

高橋　巨神兵だってそうじゃない？

小泉　ああ、そうですね。「なぎ払えー！」

高橋　ただあんなもののリアルにないわけですよ。それこそ黄海海戦の三景艦[20]の32センチ砲とか、46センチ砲（「大和」型戦艦）とかはあるかもしれないけれど。「デス・スター」（『スター・ウォーズ』）とか、「グランドキャノン」（『マクロス』）とかね。

小泉　飛行機として異例の巨砲といえば屠龍[21]とか。

高橋　ああ屠龍、うん。

小泉　ＡＣ－１３０[22]とか。

高橋　ＡＣ－１３０は、〝巨〟じゃないけど。

太田　「ガンシップ」ですね……。

高橋　「キ１０９[23]」は、75ミリ砲か。

小泉　あとはあれか、北朝鮮の「コクサン」榴弾砲とか。１７０ミリ！　でもあれも２０３ミリに比べて別に大きいわけでもないか。

太田　「ソーラ・レイ」（『機動戦士ガンダム』）も巨砲ですね。

高橋　太陽電池でエネルギー取った巨大なレーザーですもんね。そのあとはこれがコロニーレーザーになって。１発だけっていうのは、物語が生まれますよね。ただ、宇宙空間の広さに比べるとスペースコロニーの直径ってそんなに大きいものでは当然ないんですよ。だから、使い方が限定される気はしますね。ああいう艦隊が集結しているとか、……小説版だとア・バオア・クーを狙い撃ちするんですね。

太田　味方もろとも焼き尽くす。
小泉　再装塡ができない超強力兵器って、じつはＩＣＢＭとかに近いですよね。
高橋　ＩＣＢＭは1発だけじゃないので……。
小泉　ではありますけど。次がない、破滅的攻撃を行う兵器って考えると、そういう使い道としてはありかもしれない。
高橋　うーん、あ、マクロスのグランドキャノンも1発だけでしたね。第二射したっけ？
太田　あれは放射角が変更できるからなぎ払えるんですよね。そのへんは波動砲の弱点を……、波動砲ってわりと簡単に避けられそう（笑）。
高橋　しかも宇宙空間で点だから。拡散波動砲にしても。使う局面って、けっこう限定されてますよね。
太田　そうなんですよ。最初に、浮遊大陸を吹き飛ばしちゃって、「これは慎重に使わないといけない」というセリフがあって、そういうモラルみたいなものがあったんですよ。
高橋　相手が「ゴルバ」みたいな要塞ならともかくね。艦隊相手にはね。
太田　だから第二作では拡散波動砲が出てくるんでしょうけどね。にしてもやっぱり宇宙空間で、それほど使い勝手はいいとは思えませんね。
高橋　そのへんの描写が佐藤大輔の『地球連邦の興亡』ですかね。赤外線で探知して、相手のビーム兵器に対してガスを放出して拡散させて……、すごいじっとりと描写してるんだよね。

太田　『ガンダム』では、ビーム攪乱幕とかソロモン戦でやってますね。

小泉　『エヴァ』のヤシマ作戦も巨砲かな。

高橋　日本中の電気を集めるって、蓄電機能もそうだけど、それだけの電流が通せるものがあるかどうか。

小泉　ってことですよね。平時の電力グリッドの構成にかなりよるのではないかという気がします。

太田　ああいう世界ですからね。破滅を何回も経験しているから、準備しているのかもしれない。

小泉　いや、そもそもビルが出し入れできる時点で普通のインフラではないですからね。

太田　完全にあれは要塞都市ですから（笑）。

――ビルを出し入れできる意味はあるんですかね？　いつも思うんですけど、落ちてるし。

高橋　あれ、「使徒」が来た時に、逃げなくても地下に建物ごと逃げられるってことなのかなと思ったら、どうもそうでもないし。

小泉　逆にエヴァ用の武器ビルが「にょーん」と出てくる。あれはどういう意図で作っているのか、たしかにぜんぜんわからない。

太田　ジオフロントに攻めてくるのはわかってるから、偽装なんですかね。都市をあそこに作ってるのは。

小泉　あれ自体が囮で。

太田　でもあんなところに人住まわせといたらやばいですよね。

小泉　僕、ずっとすごく不思議だったのは、「サードインパクト」の破滅からまだ十数年ぐらいしか経っていないはずなんですけど、すごい古びた連れ込み宿みたいなのが出てくるんですよね（笑）。こんなに連れ込み宿が古びるほどに時間が経ってないのでは、というのが当時疑問でしょうがなく。

太田　小田原市内に奇跡的に残ったやつかもしれない。

小泉　あとは、ヤシマ作戦ってあれ、「エヴァ」が撃つ必要なくないか？　とかって思うんですけど。

太田　やはり特殊能力が必要になるんですよ。シンクロがね（笑）。

小泉　あれ、いわゆるエネルギー充塡兵器モノを庵野さんがやってみたかったんだろうな。

太田　たぶん、俺が波動砲をやったらこうなるぜ、みたいな感じの話ですよね。

高橋　ああ、そうそう。一方で、『ナディア』の「N－《ニュー》ノーチラス号」の発艦シーンって、ヤマトの発進シーンそのもので。エレベータが傾いて……。

太田　あれはセリフから効果音まで全部そのままでやっていて、すごく感動しました。どこまで好きやねんっていうね。

小泉　やっぱり庵野さんは、『宇宙戦艦ヤマト』にも戦艦「大和」そのものにも相当インスピレーションを受けているなって感じがします。東宝映画『連合艦隊』のオマージュもちょこちょこあるんです、『エヴァンゲリオン』には。

高橋　あとあれ、『日本沈没』。『ナディア』の「島」編で島が沈むところでのハンソンのセリフは、小林桂樹が演じてる田所博士のセリフそのものなの。

小泉　いろいろなもののオマージュで出来上がってるわけですね。元ネタがあとからわかったら、それはそれでまた別の楽しみ方ができる……。

太田　それはもうもちろん……。

小泉　でも師匠の宮崎駿の作品に、あんまりオマージュっぽいシーンってなくないですか？

太田　たとえばロボット兵があるじゃないですか。『ルパン三世』の[24]「さらば愛しきルパンよ」に出てきた「ラムダ」とか。あれはもともとアメリカのフライシャーのアニメに出てきたものにそっくり。首がプロペラになっていて。

小泉　あ、あるんだ。

太田　ですが、やはりそれもオリジナルよりもはるかにかっこうよくなっていて、演出もよくなっている。

高橋　モネの絵のオマージュがありますよね。アニメ作品じゃないけども。「日傘をさす女」もそうだし、『君たちはどう生きるか』も、ワシントンにあるモネの絵みたいだなーって。小屋の場面とか。モネ好きみたいですよね。あとは、これはオマージュなのか、単に同じような場面を演出するとそうなるのかわからないですけど、この作品は『銀河鉄道999』っぽいなと。インコ大王の連行シーンとか、個人的に思いだしたのは『さよなら銀河鉄道999』の、メーテルが群衆の中を進んでいく場面だし、全般的に主人公が鉄郎っぽく見えた。

太田　なるほど。あれ、お母さんの話じゃないですか。やっぱりメーテルもお母さんなんですよね。思春期に母親と離れるみたいなテーマ。けっこう似てるところあるんですよね、松本零士と。『紅の豚』とかの世界観も、すごい似てるところがあって。果たし合いとかもね。言うとたぶんすごい怒られるから、本人の前で言えないけど（笑）。

小泉　松本さん亡くなったし、なんかちょっとそういうところも影響があったかもしれないですよね。

高橋　あっ、ワケのわからんメーターといえば、「松本メーター」（松本零士作品に登場する独特の計器）。あれ、どう読めばいいのか（笑）。

小泉　床までメーターがびっしりあるじゃないですか。すげえ下とかにあるメーター、どうやって見るの、これ？　みたいな（笑）。

太田　あれはブライトリングなどの機械式腕時計のイメージですよね。

小泉　Ｂ－36の機関士室とか、あの化け物みたいなエンジンが6つついて、さらにジェットエンジンで、とかだったらわかるんですよ。ああいうののイメージがあるのかな。クリエイターはある程度、自分が子どもの頃に見てインパクト受けたメカの影響から逃れられないし、やっぱ時代性って必ずあると思うんですよね。宮崎駿の「バカガラス」のゴテゴテした感じとかも、機関車とかを見ていると、こういうメカ感を持つのかなと。

太田　機関車か、たしかに。

小泉　昔の町工場ってこういう機械あったじゃないですか。もう見ないですもんね、こういう機械って。最近はもっとスマートになって、ツルッとツライチの機械とか……。

太田　宮崎駿のメカにはコンピュータ入ってない感じ。

高橋　仮にあっても、まったく存在が意識されない。

宇宙ではチョークポイントがないと戦争が発生しない

小泉　神林長平が『戦闘妖精・雪風』とか、人工知能の世界をだいぶ先取りして描いたのが、発表年代を考えるとすごいなって思うんです。

太田　今でもあれ続編が書かれ続けていますからね。フォーマットとしては優れている。

高橋　第1作、おそらく今読んでもなんの違和感もなく読める。

太田　僕がシビれたのは第2作の『グッドラック　戦闘妖精・雪風』という作品なんですけど、ジャム（未知の敵）とコンタクトするシーンのリアリティがすごいですよね。訳のわからないヤツと話すってこういうことか！　と。本当に異質なものという意味では、『２００１年宇宙の旅』でも、キューブリックは宇宙人を出したくてしょうがなかったらしい。ジャコメッティ(25)の細いやつをモデルにしたり、いろいろ考えた末にどツボにはまって、たどり着いた結論が、人間は見たことのないものは想像できない……。

小泉　でもあれは結局、宇宙人は出さなくてよかったんだと思います。

高橋　クラークの小説では、あの宇宙人には実体はない。情報空間の中で生きる生命体になっている。だから『２０１０年宇宙の旅』ではＨＡＬ（ＨＡＬ９０００）が、モノリスの中に取り込まれていく。

小泉　Ａ・Ｃ・クラークって大戦中、イギリス空軍で技術将校やってたじゃないですか。１９１０年代生まれの人があのビジョンを描けるのはそういう経験かもしれない。ちなみに彼が大戦中に空軍の技術将校でやったことが、電波着陸支援装置、ＩＬＳのはしりみたいなものの開発。それに携わった頃のことを書いた、「貴機は着陸降下進路に乗っている——と思う(26)」

っていうエッセイがいいんですよ。味わい深いSFゴコロとイギリス人らしい諧謔とエンジニア魂が混じってね、非常にいいエッセイで。本当にビジョンがある人って、おじいちゃんだろうがなんだろうが、ああいうものが書けるんですよ。……あれ、巨砲兵器の話がだいぶ遠くまで来ましたね（笑）。

太田　巨砲兵器で『銀河英雄伝説』の話をちょっとしたいなと。「トゥールハンマー」。イゼルローン回廊にある要塞の兵器で、戦略とは何かっていうのを見るうえでけっこうおもしろいなと思うんですけど、どうですかね？

高橋　イゼルローン回廊というのがどうやって成立するのかよくわかんないけど（笑）。それが〝ある〟って前提でですね。

小泉　あれって一種のハイ・ゲート（亜空間通路）なんですかね？

高橋　ハイ・ゲートではない。ブラックホールとかそういう天体がすごくいっぱいあるエリアがあって……。

小泉　ああ、通れる場所が限られている。

太田　海峡みたいですね、ある意味で。

小泉　でも何かしら、宇宙に地政学を持ち込もうとすると、そういう道具立てが必要になるわけですよね。

高橋　そういうチョークポイントがないと戦場って設定できない。ほら、日本の歴史上の、戦国時代でも源平でもいいですけど、岐阜とか愛知のあたりの平地って、ほとんど戦いって起こってないじゃないですか。だいたい関ヶ原に行くわけですよ。やっぱりそこがチョークポイントだから。そこじゃないと戦いにならないんですよね。

小泉　音威《おとい》子府《ねっぷ》(27)で、ソ連軍と戦うみたいな話ですよね。

高橋　そうそう。

小泉　そうすると宇宙って、戦争ありそうで一番なさそうな感じですね。

高橋　だだっ広くて下がれる場所がいくらでもあったら、勝てる時は戦うけど、勝てない時は下がるわけで。

小泉　そもそも何を支配しにいくのかもよくわかんないですしね。ハイ・ゲートがあれば、まさにそれがチョークポイントになって……。それでいうと佐藤大輔の『地球連邦の興亡』。あれがうまかったのは、そこを地球植民地同士の戦いということにしている。そういう道具立てにでもしないことには、なかなか成立しない。

高橋　「宇宙は我々の都合のいいようにできているんだ」（作中のセリフ）っていう。

小泉　僕じつはSFは、グレッグ・イーガン(28)以降よくわかんなくて読んでいないんです。「もうわかんねーよ！」とか思っているところに『三体』が出てきたんですよ。

高橋　あー。

小泉　なんだこの宇宙三国志みたいな話って（笑）。めっちゃエンタメー！　こういうの読みたかったんだよと思って。もう難しいこと言わなくていいんだよ。こういう話読ましてくれよーって。

高橋　元防衛事務次官の黒江哲郎さん（第31代防衛事務次官）という人がSFファンで、ムチャクチャ詳しいんだあの人。全然太刀打ちできない。

小泉　ホントですか？　高橋先生が太刀打ちできないってのは相当なものでは。

太田　こういう時代になって、SFを見直す部分、多いですよね。人工知能の話とか。でもウェブは予測できなかった、SFも。残念ながら。ごく一部、それに近いものもありましたけども。

高橋　石黒監督版アニメの『銀英伝』で携帯電話が登場するのは、最後のシーズン5なので、それまでは誰も携帯端末持っていない。

小泉　その点『パトレイバー』がすごいのは、みんなパソコン通信やってんですよね。バドがシャフトに侵入してゲームを違法ダウンロードすることで、匿われ場所のシゲさんの家がバレるっていう、30年先取りしてるじゃん！　みたいな。

高橋　そりゃ電話回線だから。

小泉　ちなみに、ゆうきまさみ先生が『パトレイバー』の打ち合わせをした、レトロ喫茶が江古田駅前にあったんですよ。僕、聖地巡礼で行ったことがあるんですけど、そこで昭和のスパゲッティとクリームソーダを飲んで帰ってきました。

太田　劇中の場所じゃなくて、作家さんが打ち合わせた喫茶店に聖地巡礼（笑）。

小泉　あのあたり、漫画家がもともと多い街なんですよね。

高橋　西武線沿線がそうなので……。

小泉　『西武新宿戦線異状なし』っていうマンガがあるじゃないですか？

高橋　あったあった。

太田　押井守原作で、アニメーターのおおのやすゆきさんが、マンガ描いてたかな。

小泉　共産圏化した西武線沿線側に、１両だけの戦車回収車が攻めてくるみたいな、びみょーな作戦だった気が。

太田　超マニアックというか、押井さん節全開にするとこうなるっていうやつですよね。

小泉　だから本当に80年代のあのカルチャーの豊かさはすごいなと。

註

（1）「定遠」型戦艦。ドイツで建造された清国海軍の主力艦。「定遠」は黄海海戦後、自沈。「鎮遠」は日本海軍に鹵獲、編入された。

（2）大戦中期頃まで活躍したドイツの双発爆撃機を横に連結し、連結部分にエンジン1基を追加した５発双胴の異形の機体。「Ｚ」はツヴィリング、双子の意。

（3）アントノフＡｎ－２２５ムリーヤ。もともとは、ソ連版スペースシャトル「ブラン」の母機として開発された。一度に２５０トンの荷物を輸送できる世界最大の航空機だったが、ロシアのウクライナ侵攻の際に破壊された。

（4）Ｍｅ－１６３コメート。第二次大戦中、ナチスドイツが開発したロケット戦闘機。時速９６０キロという高速を発揮したが、航続時間はわずか8分だった。

（5）ファインモールド。愛知県にある模型メーカー。高度な考証に裏付けられた精密スケールモデルのメーカーとして定評がある。文中に登場する戦闘飛行艇も同社の製品。

（6）マッキM33はレース用に作られた機体。「ブタ」ことポルコ・ロッソの機体のモデルとされる。

（7）ポルコをライバル視するカーチスが乗る、カーチスＲ３Ｃ－２の改造機。実際のレースでは、マッキM33に圧勝する。

（8）「下駄履き」の水上機は翼の下に2個のフロートを付けるのに対し、水上飛行艇は胴体自体に浮力を持たせる。前者のほうが一般的に機動性が高い。

（9）ステルス機はその塗料も、レーダー反射波の低減や赤外線の吸収に重要な役割を担っている。

（10）第二次大戦初期に使われた米海軍の単葉戦闘機。各国に輸出され、特にフィンランドでは対ソ戦で善戦、〝ダイバーン・ヘルミ〟（空の真珠）と讃えられた。

(11) 朝鮮戦争で活躍したソ連のジェット戦闘機。後退翼を持つ敏捷な機体で、戦争中盤までアメリカを始めとする国連軍の戦闘機を圧倒した。多くの東側諸国にも供与された。

(12) 大戦終了直後に実用化された初期の遠心式ジェットエンジンの傑作。50年代初期までのジェット機の多くに、本機及び本機の発達型が搭載されていた。

(13) 『機動警察パトレイバー the Movie』のラストシーンにおける野明のセリフ。

(14) 九六式艦上攻撃機。羽布張り複葉の固定脚機で太平洋戦争期には、旧式化していた。

(15) 滝沢聖峰の航空戦記短編集『明けの彗星』第五話「最後のト連送」。

(16) 七試艦上戦闘機。海軍の制式艦上戦闘機をめぐり、三菱と中島で競争試作された。

(17) 『風立ちぬ　宮崎　駿の妄想カムバック』として書籍化。

(18) １９４３年７月に開始された、ソ連の都市クルスク周辺をめぐる戦い。この地域の赤軍突出部を除去、東部戦線を安定させるため、ドイツ軍は「ツィタデル」作戦を発動、迎え撃つ赤軍（ソ連軍）との間に両軍合わせて約６０００両の戦車が参加した史上最大の戦車戦で知られる。

(19) １９４４年６月22日よりミンスク奪還を目的として開始された、赤軍の一大攻勢作戦。これによりドイツ中央軍集団は壊滅的な打撃を受け、独軍はソ連領内で勢力を失う。

(20) 日清戦争で清国海軍の30・５センチ砲を４門装備する戦艦「定遠」「鎮遠」に対抗するため、それを上回る32センチ砲を無理やり乗せた防護巡洋艦。小型の船体に巨砲を載せたため運用が困難であった。「松島」「厳島」「橋立」という艦名から「三景艦」と呼ばれた。

(21) 二式複座戦闘機屠龍は、装甲が厚くダメージコントロールに優れた米軍爆撃機に対抗するため、37

ミリから57ミリ機関砲（型による）という大型の機関砲を搭載した。

(22) ロッキードC－130ハーキュリーズ輸送機に、大火力の40ミリ機関砲や105ミリ榴弾砲など、重火力を搭載し、対地攻撃を可能にした機体。通称「ガンシップ」。

(23) B－29の邀撃機として、四式重爆撃機飛龍に、75ミリ高射砲を搭載した機体。少数機が生産されたものの、大きな戦果を挙げていない。

(24) フライシャー・スタジオ。『ポパイ』『スーパーマン』『バッタ君町に行く』などのアニメーション作品を得意とする。

(25) アルベルト・ジャコメッティ。20世紀のスイスの彫刻家。極端に細く、針金を長く引き延ばしたような人物彫刻で有名。

(26) ハヤカワ文庫SF『ザ・ベスト・オブ・アーサー・C・クラーク1　太陽系最後の日』所収。

(27) 北海道音威子府村。冷戦時代、北海道にソ連軍が上陸した場合、南下する途上で隘路があるこの村が、ソ連軍と自衛隊の決戦場になると考えられていた。

(28) 著作に『宇宙消失』『ディアスポラ』など。難解。

第五章

『エヴァンゲリオン』の戦争論

小泉 悠（東京大学准教授）
高橋杉雄（防衛研究所防衛政策研究室長）
太田啓之（朝日新聞記者）
マライ・メントライン（職業はドイツ人）
ゲスト
神島大輔（マライの夫）

○主な言及作品

『宇宙戦艦ヤマト』
『宇宙戦艦ヤマト 2199』
『ウルトラマン』
『新世紀エヴァンゲリオン』
『新世紀エヴァンゲリオン劇場版 シト新生』
『新世紀エヴァンゲリオン劇場版 Air／まごころを、君に』
『新世紀エヴァンゲリオン劇場版 DEATH（TRUE）2／Air／まごころを、君に』
『ヱヴァンゲリヲン新劇場版：序』
『ヱヴァンゲリヲン新劇場版：破』
『ヱヴァンゲリヲン新劇場版：Q』
『シン・エヴァンゲリオン劇場版𝄇』
『王立宇宙軍　オネアミスの翼』
『ガメラ』
『機動警察パトレイバー』
『機動警察パトレイバー　the Movie』
『機動戦士ガンダム』
『機動戦士ガンダムF91』
『機動戦士ガンダム SEED FREEDOM』
『機動戦士ガンダム 水星の魔女』
『機動戦士ガンダムＵＣ（ユニコーン）』
『機動戦士Ζガンダム』
『攻殻機動隊』
『ゴジラ－1.0』
『サイレントメビウス』
『シン・ゴジラ』
『SPY×FAMILY』
『戦争と平和』　トルストイ
『超時空要塞マクロスΔ（デルタ）』
『超時空要塞マクロスＦ（フロンティア）』
『デジモンアドベンチャー』
『鉄人 28 号』
『デビルマン』
『天空のエスカフローネ』
『泥まみれの虎　宮崎駿の妄想ノート』宮崎駿
『ハイキュー‼』
『ポケットモンスター』
『宮崎駿の雑想ノート』宮崎駿
『名探偵コナン』
『メガゾーン 23 PARTⅡ』
『幼年期の終り』　Ａ・Ｃ・クラーク

宮崎駿の『雑想ノート』でデートの約束

小泉　先日、マライさんと『新世紀エヴァンゲリオン』の話をしましたけど、考えてみたら『エヴァ』って、テレビ東京系で放送だから地方ではやってなかったんですよね。

太田　そうなんですよ。ネット局がすごく少なかった……。

小泉　だから当時、東北に住んでいる人が、福島まで行けばテレ東の電波が拾えるとかの理由で……。ビデオデッキとアンテナを持って峠まで行っていた、という話を（笑）。

マライ　昔は、ヤミ市みたいな感じで録画したＶＨＳとか、売買したりしなかったんですか？

小泉　してたんじゃないですか、きっと。

高橋　ただネットもないから……。

太田　ちょうどパソコン通信が普及しだした頃だったんですよ。『ヤマト』の時はブームになるくらいまで2年か3年ぐらいかかっているんですよね。『ガンダム』の時も放映終了直前ぐらいにようやく盛りあがってきて、「なんで打ち切りなんだ！」とみんなワーワー騒いで。でも『エヴァ』の時はパソコン通信のおかげなのか、かなりタイムラグ少なかったな、という印象があります。

高橋　広がりを持ったのは深夜の再放送からでしょう？　僕自身はもう、あの頃には何度もビデオ観ているからほぼセリフ覚えてたけど……。

太田　覚えてるんですか！　でも嫌いなんですよね。

高橋　嫌い。嫌いではあるんですが、だからこそあの後でみんなが観始めたのにびっくりした。バイト先とかで年下の女性が『エヴァ』の話をしてて、あれ、一般人が観るようなものじゃないと思ってた。

小泉　よくあれをね、夕方6時台に放送したなと思って。

高橋　当時は夕方アニメあったし、『パトレイバー』もあったし、なんなら『エヴァ』の次のクールには『天空のエスカフローネ』がありましたからね。

神島　マライと出会って最初に盛り上がったのは、じつは『エヴァ』の話なんです。2004年ぐらいだったと思うんですけど、留学生との飲み会みたいなやつで。なんだか濃ゆ目の話になりかけたんで、我々が全開バリバリでやると場の雰囲気が崩れそうだから、場を改めてやろうということで、翌週喫茶店で11時間議論したんですよ。

小泉　11時間!?　超迷惑（笑）。

神島　マライの最初のひと言が、「エヴァンゲリオンに『リリス』って出てきますけど、あれはなんだと思います？」。そこから来るか！　と。かねがねあの手の、キリスト教っぽいモチーフのサブカル、日本人がいろいろと素材として使っちゃってるものを、本場ヨーロッパの人たちはどんなふうに思ってんだろう？　ってことはちょっと気になっていて。ドイツでは、やっぱりアニメ・マンガは大人までには卒業すべきものだ、みたいな偏見がいまだに残っているから、そういう深読みをするってのは隠れキリシタン的なものがある、という話を聞きましたね。

小泉　今の話で一番学びがあるのは、飲み会で出会った女の子と後日デートしたい時は、「場の雰囲気を壊すから、後日会って話そう」と言えばいいってことですね（笑）。

マライ　ガンガン来るんですよなんか。ウザい奴だなーって思って（笑）。でも中身のある話振るから、ちょっと興味あったんですよ。たとえば、スタジオジブリ作品の監督ってけっこうミリオタだって知ってるか？　って言ってきたり……。

太田　それで女の人を口説けるっていうのは、ちょっと知っとけばよかった俺（笑）。

マライ　で、宮崎さんの『雑想ノート』って本を貸したいからって……。

高橋　貸したら、返すためにもう一回会わなきゃいけないから……。

マライ　そうなんですよ。なんでかわかんないですけど。なぜか、貸してもらったんですね。

小泉　巧妙な戦略ですね。

高橋　さっきの「ライトなキリスト教描写」って、日本のコミックとかアニメではけっこうあるじゃないですか、『エヴァ』に限らず。『劇場版パトレイバー』もそうだし、『メガゾーン23』のパートⅡもそうだし、さかのぼれば『デビルマン』の原作もそうですね。でも、今回のパリ・オリンピックの開会式の「最後の晩餐」の炎上っぷりを見て、やはり非常に危険なんだなと感じましたね。

マライ　前の回でも話したけど、ドイツでは、少なくともまだアニメってどちらかというとアングラ趣味の域にあるんです。表現の自由はあるけれど、そういうものを作ろうという発想すらないんですよね。

太田　「リリス」って聖書に出てくるんですか？

マライ　出てくるでしょ？

太田　じゃ、リリンも出てくる？

マライ　リリンも出てきていたような……なんか調べた気がする。

太田　24話をリアルタイムに観ていて、「これはアダムじゃなくてリリス！」とか言ってて。え、24話でそんな新しい話出てくるの!?　これでどうやって終わるんだぁっ！　って（笑）。

高橋　当時まだ、ネットで簡単に調べられる環境ではなかったし……。

マライ　日本発の作品なんだから、日本人は「リリス」ってなんなのか逆に知ってるんでしょうね？　って（笑）。

高橋　それはもう、十字架に磔《はりつけ》られた白い巨人です（笑）。

小泉　なんかグネグネしてるヤツ。

『エヴァ』が嫌いで大好き

高橋　『エヴァ』は、『旧劇場版』と『新劇場版』で補完されているってのは忘れちゃいけないんです。『マクロスF（フロンティア）』もそうだと思うけど、テレビ版と映画版で違うストーリーだけど、補完関係になっている作品があるんですよ。『旧』と『新』は、テレビ版がないとわからない。綾波レイのそっくりさんが出てきた時に、これが綾波レイであるということは、テレビ版から観てるからシェアされる感覚。最後、そっくりさんが消える瞬間の「さよなら」って言葉のインパクトも、やっぱりテレビ版があるからですよね。『旧』と『新』があるからテレビ版が際立つし、全体でひとつの作品を形作っている。

小泉　そこまで好きなのになんで「嫌い」っていうんですか？

高橋　僕は嫌いなの。正確に言うと、人生のほとんどの時間、嫌いな作品。

小泉　好きな時期は？

高橋　まずテレビは初回放送をリアタイで観た。最初の劇場版ももちろん初日に行ったし、次も初日に行った。『序』と『破』は劇場で観られてないんですが、『Q』は初日の深夜に行ったし、『シン』は初日の朝7時の回に行った。……で、なんで嫌いかというと、『旧劇』の最後の「気持ち悪い」がすごく嫌なんです。おもしろいけど、好きか嫌いかと言えば嫌い。

小泉　なんて言ってほしかったんですか？

高橋　「人生のほとんどの時間で嫌い」となぜ言うかというと、『シン』のラストはすごく好きなんです。後日談を振り返るでもなく、続けられそうな感じでもなく、すっきり終わる。

小泉　ちゃんとオチつけてほしいんですか？

高橋　「気持ち悪い」を言った同じ海岸で、アスカとシンジが「好きって言ってくれてうれしかった」っていう会話をすることで、やっと『旧劇』の不快感が一掃されて、その最後の数秒でようやく好きになった。

太田　好きとしか思えない……。

小泉　好きなんじゃん、結局（笑）。

マライ　〝ファンチ〟ってやつですね。ファンであってアンチみたいな。

小泉　僕はあの「気持ち悪い」が逆にすごい好きなんですよ。あそこで大団円になってほしくない。アスカとシンジはＬＣＬの海に飲まれて人類補完計画を成立させることを拒否して戻ってきて、個でいることを選んだ。でもそれで「俺たちは個を大事にして生きてくぜ」みたいにならず、アスカから「気持ち悪い」って拒否されて、エー！　みたいな。すごいオチがついていたので、リアルでいいなという感じがして、僕はあの終わり方好き。

太田　『旧劇』まではアートなんですよ。エンターテインメントのフリして、「心地よい思いをしたい」って思って観ていたオタクに、おいしいものをどんどん撒き餌をして、最後の瞬間にドーンとひっくり返して絶望の淵に追いやる。アートって、自分の拠って立つ基盤を揺るがしたり、ぐしゃぐしゃにしたり、壊したりという作用があるんです。

高橋　弐号機が袋叩きにあった後に初号機出てくるけど、なんの役にも立たなかったり。

太田　そう（笑）。庵野さんが『新劇』を作るにあたっては、アートをエンターテインメントへと回収していくっていうプロセスが確実にあったと思うんです。初めからそう思っていたかどうかは別にして。

日本の国歌『残酷な天使のテーゼ』

高橋　私ね、「サブカル」って言葉あまり好きじゃないんですよ。「What do you mean “sub”?」　何が「サブ」を「サブ」にするのか？　っていうときに、要するにメインカルチャーがあってカウンターとしてのサブカルチャーっていう位置付けなわけです。けれども、少なくとも今日本でＳＦやアニメはサブではない。たとえば今年（２０２４年）上半期の映画の興行収入を見ても、１位はコナン君（『名探偵コナン』）で、２位が『ハイキュー!!』で、３位が

『SPY×FAMILY』で、5位が『機動戦士ガンダムSEED FREEDOM』ですから。

小泉　そんなことまで把握してるんですか？

高橋　うん、エビデンスを押さえたいんですよ。人前で「アニメファン」と言って、変な目で見られなくなったのは、僕は『エヴァ』からだと思っていて、若い子たちが普通にしゃべっていたっていうことが、アニメファンが中心だった『ガンダム』のブームとちょっと違うんですよ。〝エヴァ以前〟と〝エヴァ後〟とで社会におけるアニメファンの立ち位置がだいぶ変わったと僕は同時代的に思っている。だから、〝エヴァ後〟に「サブカルチャー」って言葉を使うのはすごく慎重になるべきだと思っている。僕は「ポップカルチャー」って言い方をするんですけれど。

小泉　むしろ日本の、世界に対して一番売れている商品のひとつなので、ある意味でもうメインカルチャーになっちゃってるのかもしれないです。

高橋　あと『残酷な天使のテーゼ』がすごいカラオケで人気になったの。

小泉　僕は90年代、日本の国歌は『残酷な天使のテーゼ』だと思ってました（笑）。

太田　今はもう「アニメ好き」って言っても、別に変な目で見られることないですもんね。

マライ　まあ、日本ではね。

小泉　ヨーロッパって全体的にメインカルチャーというか、クラシックなものに対するリスペクトがものすごくて。ロシアでも感じるんですけど、ドイツって特に強いですか？

マライ　強いですね。前も話したんですけど、ドイツに日本のアニメがたくさん入ってきたのが、まさに2000年ぐらい。日中やってるのは『ポケットモンスター』とか『デジモンアドベンチャー』とかそこらへんで、やっぱりアニメイコール子どもだよねって感じなんです。でもじつは、深夜枠があって……。

小泉　大きいお友だち用。

マライ　大きいお友だち用の（笑）。『エヴァンゲリオン』も流れるし、『サイレントメビウス』とかも流れるんですよ。

高橋　『サイレントメビウス』、日本じゃあんまり観られないからなぁ。

太田　以前『機動戦士ガンダム展』の図録を作っていた時に、美術評論家の黒瀬陽平さんにインタビューしたんです。黒瀬さんに言わせると逆に日本のカルチャーでちゃんと歴史があるのは、「サブカル」だけなんだっていうんですよ。日本のメインカルチャー、たとえば美術とか音楽とかは基本的に欧米で流行ってるものを、日本的に翻訳するってことをずっと繰り返してきている。自分たち自身の独自の流れみたいなものがないんだ、と。黒瀬さんが言うには、今のオタクはそうじゃないかもしれないけど、少なくともオタク第一世代は歴史をすごく重視する。最初に『ヤマト』があって、『ガンダム』があって、それから『エヴァ』があってということをお作法として押さえておかないと、ちゃんとディープな話ができない。作り手もそれをものすごく意識してやっている。

高橋　その意味で言うと、庵野さんの作品ってすごい過去作のオマージュがいっぱいあるじゃないですか。

太田　やっぱり過去作をリスペクトの上に作られているというか……。

高橋　リスペクトなのか遊んでいるのかよくわからないんですけどね。

太田　自分の根っこに入っちゃってるっていうかね、もう分離できない。庵野さんはよく「呪縛」っていう言い方をしますね。『ウルトラマン』や『デビルマン』について。僕も『デビルマン』は小学校3年の時にマンガ版を読んで、もうこれで人生変わっちゃったっていうのは本当に思うんですよ。僕は『エヴァ』を観た時にはもう30歳を超えていたから、いくらすごいなと思っても、呪縛にはならなかった。でも10代の時に観て、『エヴァ』に取り込まれちゃったような人は当時もけっこうね……。

高橋　いましたよね。だから『シン・エヴァンゲリオン劇場版』の最後に、エヴァを全部葬っていくというのは非常に象徴的な場面ですよね。

小泉　そうかあれは、『エヴァ』世代のなんというか総じまいみたいな位置付けなんですね。

高橋　だと僕は思うね。

小泉　……観よ。

マライ　観るんですね？

小泉　ちょっと今観る気になりました。

マライ　お、宣言しましたね（笑）。そういえば、私は『新劇場版』の一番最後に描かれる人間の社会が、興味深いなと思ってて、けっこう社会主義っぽいことをやってるんですね。

太田　コミューンみたいなことをやってましたよね。

マライ　農業をやっていて、で、男が力仕事をして……。

高橋　計画経済ですね。

マライ　でも、なんかちょっと違和感がある。前も話したけど、絶対ドイツでは成立しないんだろなっていう気がする。和気あいあいで、みんな手をつないで、世界が崩壊して貧乏になったんだけど、ハッピーにがんばる！　っていうのが。日本映画でもそういう描写が時々あったりするんですよ。昭和初期よもう一度みたいな……。

小泉　清貧が好きなんですかね。

マライ　綾波は女性だから、そこらへんいろいろ目覚めても別に何の文句もないわけなんですけど、「女になる」みたいなところ、それは作品全体通して、なんかちょっと違う感じがするんです。「出産」とかそんなことばっか意識するようになる。「女としての幸せ」とかってワードが脳裏をよぎる。私が女性だからかもしれないけど。

高橋　そこは男性から見た女性像、あるいは妹キャラとしての女性像ってことですね。

マライ　そうなんですよね。否定はしないんですけど、男性が描く作品だな、みたいな感じではあります。

小泉　さっき言おうとして言わなかったんですけど、なぜ僕が『新劇場版』を、今日の会話を聞いて観る気になったかというと、やっと俺の中二病が終わるんじゃないか……と思ったんです。

太田　終わったら仕事にならなくなるんじゃないですか（笑）

高橋　たぶん、若者として観るのと親となって観るのでも違うし、それが明確にターゲットとしてデザインされている作品だと僕は思ってます。

マライ　私はテレビ版の最後のみんな拍手の、みんな大嫌いなあのシーン、すごい好きで。私はいいなと思ってるんですけど……。

小泉　「おめでとう」「おめでとう」。わけはわからんけども。

高橋　さっきのアートの話でもしようとしたんですけど、『エヴァンゲリオン』ってすごいポスト実証主義的な作品だと思ってます。実証主義とポスト実証主義の違いというのは、客観性を認めるか認めないか。つまり客観的な真実があって、客観的な設定があって、それに視聴者がどこまで接近するかっていう話なのかというと、そうじゃなくて、客観的な設定はじつはなくて、設定を小出しにすることで、むしろ解釈を視聴者に委ねている。だからその客観的な真実って、じつはない作品なんじゃないかと。それはテレビ版の時から思っているんです。

太田 その点は僕は高橋さんとはちょっと違っていて、庵野さんって設定をめちゃくちゃ作りこむ人だから、あの人の中に全部正解があってやっているんだと思うんです。でもそれを見せる必要は全然ないんです。そういう意味でどう解釈してもらってもいいよ、みたいな感じで。

高橋 じつは私はテクストとしての作品は、作品そのものを解釈すべきだと思っているんです。「クリエイターのバックグラウンドがこうだったから、こう」というような解釈はしたくないし、すべきじゃない。そういう評論するとやった気になるんですよ、評論を。ある学者が文章を書いているときに、その学者の私的なバックグラウンドが影響している、とは解釈しないんですよ。もちろん科学哲学の中にはそういう考え方があって、自然主義って言うんですけど、自然主義に立ってアニメ評論はしたくないなと私は思います。

太田 でも僕にとっては、宮崎さんの作品よりも宮崎さん自身のほうがさらにおもしろいんですよね。

小泉 記者として、生で作ってる人の人となりを知ってるから、おそらくそういう解釈になる部分と、でも99・99パーセントの視聴者はそうではないから、もう作品自体から感じるしかないというところと、たぶん両方あるのかなと思いますけど。おもしろいですね。

パパと一緒に「松」型駆逐艦を作ろう

高橋　『Ｑ』を封切り日の深夜に観にいった時に気づいたことがあったんです。あの当時って『機動戦士ガンダムＵＣ（ユニコーン）』とか『宇宙戦艦ヤマト２１９９』と同時期の公開なんです。『ガンダムユニコーン』と『２１９９』は、観客が僕と同世代でおっさんばっかり。でも『Ｑ』は「え？　若っ！」って。

太田　決定的な違い。

高橋　２０１２年に、10代が来てるってことは、『エヴァ』はファンの再生産ができたってことですよね。衝撃的でした。

太田　やっぱりそれはほとんどの作品ができていないんですよね。

小泉　たしかに『ヤマト』は次の世代のファンは作らなかった気がします。僕もあんまり『ヤマト』には思い入れはなかった。『ガンダム』は、『（機動戦士ガンダム）Ｆ91』があったりとかして、たびたび別の話作ったじゃないですか。

太田　あれ、富野さんが偉かったんですよ。最初の続編『機動戦士Ｚガンダム』を作る時に、主人公を変えたんですよ。アムロのままやれば絶対、安牌なんですよ。アムロどうやって活躍するのかな、と思ったら、廃人みたいになってぼーっとチェアに座って空を見上げている。連邦政府に軟禁されて腑抜けになったんです。

高橋　シャイアンのノーラッドで。

神島　『ガンダム』の世界でその世代交代を果たしてるのは、どちらかというとガンプラですよね。量販店とか行くと、スケールモデルのコーナーはオヤジしかいないんだけど、ガンプラは親子で来てて……。

小泉　そこでやっぱスケールモデルもですねぇ、パパと一緒に「松」型駆逐艦[1]全部作ろうみたいな話には……。

神島　言っているそばからムリが……。

小泉　ここに大井篤[2]のフィギュアを乗せようみたいな（笑）。

太田　ガンダムってエントリーグレードとかもあるんですよ、今ね。すごく簡単に作れる。

神島　バンダイは偉いと思いますね。超大昔の「タミヤニュース」の読者コーナーでは、けっこう「B

終戦直後の「松」型駆逐艦「欅」。無傷で終戦を迎え、戦後復員輸送に従事している。樹木の艦名で、多数建造されたため「雑木林」とのあだ名もついた。

社は変なロボットプラモデルを作ってるけど、とても質が低い」みたいな投稿たくさんあって。

小泉　あーめんどくさいオタク。

神島　そういうところから這い上がってタミヤと並ぶまでになった……。

小泉　タミヤもそういうの載せるなって話ですが（笑）。

小泉さんはアスカがお好き

神島　だいたいいつも小泉さんと『エヴァ』の話になると90パーセント、アスカの話になるんですね（笑）。アスカは、なぜあそこまでカリスマ性を持っているのかというと、やっぱりドイツっていう要素はかなりでかい。アニメにおいてドイツはしばしば「ナチス」と絡めて、人気が出たり話題になるんだけど、アスカはそういう要素がない。どこらへんがドイツなのかというと、マライがよく言う〝脳内ドイツ〟なんですよ。日本のサブカルにおけるドイツとの接点を考えると、「完璧超強ぇぇ」みたいな感じで出てきて、スペック的にはすごいんだけど、だんだんポンコツであることが明らかになるっていうのが……。

太田　ティーガー戦車ですか。

神島　そうそうそう、ドイツ兵器の王道も同じだというのがあって、それがけっこう刺さるのかなというのが。

小泉 うーん、アスカには、特にドイツ属性は感じずに、萌えていたところがあると思うんですけどね。広義に外国人キャラではあったと思う。あ、でもこの前、僕、ドイツ空軍の輸送機に乗せてもらったんですよ。入間から千歳まで送ってもらってまた帰りも乗ってきたんですけど、意外とドイツ人適当だなと思いました。

マライ いやー適当ですよ（笑）。

小泉 集合、って言ってた場所に来ねぇし、途中で「空中給油のデモ見せます」とか言われたから、めっちゃ楽しみにしてたんですけど、まったくアナウンスなく、窓見たらいつのまにかたしかに、タイフーン戦闘機にホースつながっていて……。「えー、言ってくれよ！」とかって思うんだけど、別にドイツ人は全然相手してくれないんですよ、そういう時。俺らが思っている超完璧ドイツとなんか違うみたいな。

神島 宮崎駿の『泥まみれの虎』とかにも、ドイツ人は3人でもちゃんと並ぶ、みたいなのが描かれていて。そういうものかと思ったんだけど、意外とそうじゃないんですよ。列車のプラットホームの乗り場のラインとかもすごい適当。

マライ エリア分けしてるんですよね。ＡＢＣとか。日本の電車のドアの前にここに並べ、みたいなのはないんですよ。

高橋 だってドアのライン、あれ、正確な位置に止まれないとあわないですもんね。

小泉　あとほらドイツ鉄道って、しょっちゅう遅れるらしいじゃないですか？

マライ　いやもうヤバいです。

小泉　ほんとわかんないのは、あのロシア人の鉄道の運行が超正確なんです。

太田　わかんねぇなそれ（笑）。

マライ　この間ドイツに帰って、従兄弟の家から電車で帰ろうとしたら、週末なので2時間に1本しか電車がない。なのに突然、乗ろうと思っていた電車が「なくなりました」とかいうんですよ。

小泉　なくなる？

マライ　理由はちゃんとあるんです。でもその理由は適当で。「乗務員が集まりませんでした」とか。おかしくないですか？　その電車、毎週その日、その時間に走ってるんですけど、なんで人がいないのかな？　っていう謎があるんですよ。

高橋　乗務員が酒飲んでしまった？

小泉　忌引？

高橋　意味がわからない……。

小泉　言い訳の論理だけがすごいってのは、わかるかも。トルストイの『戦争と平和』で、ロシア軍が一世一代の決戦を挑もうとするわけですよ。でも当時のロシア帝国軍だから、幕僚の中にドイツ人とかフランス人とかいて、ドイツ人の参謀が作戦考えるんですよね。その参謀が、なぜかいきなり戦場の地形について1時間に渡る大講義を行うんです。もうロシア人の将軍がみんなうんざりしてて、もういいよ、好きにやれよ、とかって言うんだけれども、結果的に戦闘は全然うまくいかない。もしかしてドイツ的細かさってこういうことかな。

高橋　19世紀の世からすでに描かれている……。

小泉　ロシア人もそれは気付いてた（笑）。

マライ　だからまあ、ドイツ強そう説はあるんですけど、蓋を開けてみると、ちょっとしょぼかったりして、そこはアスカっぽい。

小泉　そうか、外の殻の強さと、内側のものすごいモロい感じ……。

マライ　「私を捨てないで！」っていうトラウマがすごい……。

高橋　そこは『Q』と『シン』でアスカは変わっていく。……大人になるわけですよね。外見変わらないけど。外見が14歳のままで行動が変わっているので、ちょっとミスマッチな感じがあるんだけど、アスカの変化っていうのも、『Q』以降のひとつのポイントではある。

太田　アスカは途中からウエイトがものすごく上がっていって、作品自体を変えてしまったっていう印象があるんですよ。はじめはレイとシンジの話だったのが、途中から完全にアスカとシンジの話になっちゃって、レイの話がボケちゃっている。

『エヴァ』の兵器の使い方は特撮

高橋　巨大3軸ヘリコプター。

小泉　ああ、Mi－32！（第一章参照）ヤシマ作戦の時に出てくる、変電機を運んでいる、こんなトライアングルみたいな形したヘリコプターがあるんですよ。

高橋　この間言われて、意識して観るとスゲー！　と思った（笑）。飛べるんだこれ！　って。

小泉　ああいうの、どこから見つけてきたんでしょうかね。「アスカ、来日」の「クズネツォフ」級空母とか、わりと庵野さんソ連兵器好きなんだろうなと。

高橋　さすがに「ソビエツキー・ソユーズ」級戦艦[3]とかは出てこない。

小泉　「アイオワ」級がいっぱいいるんだからね。

太田　『新劇場版』の「エヴァ」に装備された巨大なブースターとか、ソユーズっぽい感じがすごいする。

高橋　スラスター下もなんかすごい。

小泉　ソ連っぽいんですよ。『エヴァ』の兵器の使い方って特撮なんですよね。特撮とかに出てくる怪獣にやられる自衛隊みたいな扱いですよね。

高橋　だってあれだよ？『シン・エヴァ』だと、なんとテグスまで出てくるんだよ？　テグスで吊って……。

小泉　どういう状況なのかいまいち想像がつかないが（笑）。まぁ観てみます、観てみます。

神島　『シン・ゴジラ』って、自衛隊がけっこうボロボロにやられちゃうんだけど、やられる自衛隊がかっこよくて、10式戦車のプラモが売れたっていうのは、おもしろいですよね。

小泉　庵野さんの根底には特撮があるんだと思う。濃いミリオタとしての側面はもちろんあるから、庵野さんに予算を与えて、しかも本人にやる気があったら、きっとめちゃくちゃリアルな戦争アニメとか作れるんでしょうね、間違いなく。だけど別にそうしたいわけじゃねえんだよっていう……。

太田　『オネアミスの翼』とかでね、やっちゃってますからね。

小泉　あれでもう全部満足してるんじゃないすか。

太田　あそこが俺の頂点だと自分でも言っているし、アニメーターとしては。

マライ　それに水を差すわけではないですけど、私が一番好きな戦闘シーンは、ＭＡＧＩシステムを狙う、サイバー戦だったりします。

小泉　サイバー戦。特撮にあまり出てこないパターンだし、そこを逆ハックでがんばるっていうのは、今風ですよね。

太田　当時としてはすごく新しかったです。

高橋　放映が95年ということは、『機動警察パトレイバー the Movie』のあとですね。そういう意識が出てきた時期ではありますよね。

マライ　赤木リツコの母親の残した「科学者として」「女として」「母として」って分け方は、あれでいいのかなって。

小泉　概念設計する時になんて書いてあるんですかね？　役所の予算取る時に（笑）。

神島　いわゆる王道の格闘戦だけじゃない戦いのおもしろさが広がりましたよね。

小泉　あの時すでに、『攻殻機動隊』とか、電脳空間での戦いみたいなことは、もうあったわけですよね。脳味噌みたいなコンピュータとか。まったく新しいわけではないけど、ロボットアニメとしては新しかったんですかね。

高橋　どうだろうな。新しいかどうかについては、ちょっと僕は留保したいな。「使徒」という怪物がサイバー攻撃を仕掛けてきた、ってのはおもしろい現象ですね。

太田　そうですね。庵野さんってすごいメカオタクで、特撮好きで……っていうのをよく知ってるんだけど、最初の『エヴァ』は、そういう面が意識的にやや後景にいっているっていう気もしますね。

高橋　テレビ版の最初で、電話ボックスが衝撃でバシャッとなる場面があるでしょ。あれってけっこう特撮っぽくて、同じ場面が平成『ガメラ』にあるんだよね。

小泉　おお、そうなんですか。よく観てるなぁ。

太田　そういえば、バンダイのプラモデルで最上級ブランドの「PG（パーフェクトグレード）」の最初の商品は、「ガンダム」じゃなくて「エヴァ」だったんですよ。

高橋　ちゃんとエントリープラグも付いてるんですか？

太田　もちろんです。1万円超えの高額なものがバカ売れしたので、それで「ガンダム」もPGを作れるようになったというエピソードがあります。でもその後、『エヴァ』はプラモデルがガンダムほどには盛り上がらんのですよね。

高橋　たぶんバリエーション展開がちょっと厳しいんですよね。でも「JA」（ジェットアローン）とかね！　そういえば、新弐号機を起動する時に「JAリアクター起動」という言葉が出てきますよね。起動はもしかして「JA」の原子炉使ってるのかな。

小泉　僕は映像を作ったことないんですけど、文章を書く人間として時々、どうせわからんだろうけど、なんかちょっと入れてみよ？　ってのはありますよね。

高橋　テレビでもやったことある。だいたいバレない（笑）。

小泉　僕『エヴァ』に関して、一個勝手に画期的だなと思っているのは絵柄なんですよ。なんとなく『エヴァ』前と『エヴァ』後でアニメのキャラの顔って違う気がするんですよ。そもそもシンジ君のキャラクター造形もそうなんすけど、やっぱりちょっと線が細い感じになっていくし、キャラの見た目自体がずいぶん変わったなという感じが……。

太田 やっぱり貞本義行さんの影響ってすごい……。

小泉 一時期、空自も何かの記念塗装を貞本さんに描いてもらったりとか。

太田 ありましたね。

小泉 なんか、F－15の機首のところに、貞本絵のキャラが描かれていた時期がありましたよね。

『ゴジラ－1.0』と『シン・ゴジラ』のフェチの差

神島 じつは、うちでこの前『ゴジラ－1.0』観て、議論があったんですけど……。

太田 いっつも議論してますね。

マライ 私ら常に（笑）。

神島 『ゴジラ－1.0』と『シン・ゴジラ』って、フェチな部分はあってもすごい対照的なんです。『ゴジラ－1.0』は、既存のオタクに刺さる的なところがいわゆるトリビア的で、『シン・ゴジラ』は、あえてちょっとチャラくしてるような部分も含めてバランスを取っている。『シン・ゴジラ』を観てオタクになる人はいるような気がする。でも、『ゴジラ－1.0』を観てオタクになる人はいないかわりに、既存のオタクのハートに火をつける力がすごい強いんです。

小泉　すごい複雑な話だ。

高橋　でももしかしたら、零戦の脚が片方ずつ降りるのを見て、オタクになる人もいるかもしれない（笑）。

小泉　あのシーンだけで、僕はもう入場料を払った価値があったと思いましたからね。

神島　前に話されていた震電の射出座席の話（第二章参照）。あれにドイツ語の文言が付いてるっていうのを、マライは目ざとく見つけて、高速で調べ始めて……。

マライ　そこで映画はストップするんですよ。とりあえず15分間、面倒くさい時間が始まる。申し訳ない（笑）。調べたら、実際のハインケルのフォルクスイェーガーの射出座席と、ガラとか字体の雰囲気は似ているけど、文言が部分的に違うんですよ。

神島　この2つのゴジラは、ともにオタク系ではあるんだけど違う。やはり庵野さんが求めているものと、山崎さんが求めているものは、触れ合うものはあっても、ベクトルは違うんだろうなと。

高橋　違うんでしょうね。作ってる人が違うんだから。

太田　でもやっぱりいいですよ、『シン・ゴジラ』の自衛隊の描き方って。僕みたいなあまり知らない人でもこういう組み合わせで兵器って使うんだ、というのがわかるように出てくるのがすごい新しかった。「ヒトマル（10式戦車）」も、砲塔はずっと同じ方向を向いたままで、車体が動くんだとかね。そんなことをわかりやすく見せることで、新しいおもしろみがありますよね。

小泉　総合火力演習感があるんだと思います。全部それぞれミニチュア的にわかりやすく動きを見せてくれてるという意味で。ミリオタからするとミニチュア感があるっちゃあるんですけど、そのチープさも含めて。

高橋　戦車が並んで交互に発砲してる場面とかは、『エヴァ』を思いだした。セルフオマージュな感じかな。

小泉　沿岸に74式戦車がいっぱい並んでいるとか。いちおう２０１４年の設定なのに、74式を並べたのは、絶対怪獣映画とかのオマージュじゃないかなと思いましたね。

太田　やっぱヒトマルよりも、74式のほうがいいよ……。74式かっこいいんすよね。出したくなる気持ちはわかる。

小泉　でもやっぱり61式のほうが、なんか怪獣にやられている感じが（笑）。

太田　最初の『ゴジラ』の時は、61式もなかったですからね。

高橋　オリジナルはチャーフィー[4]だったんじゃないかな。

小泉　チャーフィーですか（笑）。

神島　アメリカのお下がりというあたりも、日本人の心をくすぐるものがありますよね。

小泉　当時の自衛隊ですからね。そこでちょっと政治情勢が違ったら、我々はＴ－34の85[5]を使っていたかもしれないわけですよ。

高橋　ＪＳ－３[6]とかでゴジラと戦ってたかもしれないわけ（笑）。

小泉　北海道だけはＪＳ－３。重くて他では運用できないから。

高橋　ゴジラに踏み潰されるのは、「政治的に」ＯＫなのかっていう（笑）。

陸上自衛隊の74式戦車。1974年、冷戦真っ盛りの時期に制式採用されている。

アスカがリアルヨーロッパ人だったら？

小泉　もちろんほかのアニメキャラも、だいたい日本人っぽくないんですけど、アスカをよりドイツ人っぽく振る舞わせるとしたら、たとえば彼女はどうなるんですかね？

マライ　興味深い質問ですね。私が、実際にドイツ軍を見にいって感じたものに近いような気がするんですけど、それは〝戦後ドイツ〟なんですよね。前の文脈を否定して、みんなでその集団……たとえば軍とか、集団行動を否定するというか、ちょっと個人のエゴが強めな感じでね。人と距離を置くというか、「みんなが勝手にする」みたいなのが、すごいドイツっぽいかなって、さっき話を聞いて思ったんですよね。

小泉　アスカがリアルヨーロッパ人だと、あそこまで「エヴァ」とシンクロできないことを気に病んだりしないんじゃないか、って気もするんですけどね。

マライ　私は私！　みたいな……。

小泉　絶対絶対私は悪くない！　みたいなことをすごい一生懸命言うんじゃないかって。

マライ　勝手にこわれたんですけどー？　って。

神島　戦後「ドイツ軍は変わりました。ナチではありません。民主的な軍隊です」ということを対外的にアピールする必要もあったんですけど、真に重要なヤバいノウハウとかは国境警備隊に引き継がれたっていう話があるんすよね。

高橋　ヤバいノウハウというのは？

小泉　思想とか？

神島　思想ではないです。軍事的なコアな部分。戦術論とかも含めて。それが写真とか見ると思いっきりいわゆるフリッツヘルメットと呼ばれる昔のドイツ軍のヘルメットをかぶって、雰囲気がガチで大戦中のドイツ軍そのままになっているんです。「変わった」と言いつつ、意外と前と同じものがどこかに残っていたりするので、一筋縄ではいかないんです。

高橋　韓国でだいぶ前に兵役に行った知人が、日本で旧日本軍の映画を観たんだけど、韓国軍そのものだ！　と。鉄拳制裁みたいなやつが。旧帝国陸軍の伝統が向こうに残ってるということらしい。

小泉　旧帝国陸軍のノウハウから、急いで作らなきゃいけなかったわけですもんね。

高橋　もちろんそう。旧陸軍士官学校出身者もいっぱいいたわけだし。

小泉　それはじつはソ連赤軍の中核は、やはりロシア帝国陸軍の将校だった、みたいな話ですよね。

太田　戦後の自衛隊でも、潜水艦の運用でアメリカ留学組と旧軍の伝統を受け継ぐプロパーの対立がすごかったという話を聞きました。やっぱりコアな部分は、自衛隊に代わっても前の部分をベースにせざるをえない。

高橋　人が同じだったらそうなりますよね。

太田　じゃあ、全然旧軍の人を入れないのかというと、そういうわけにもいかないし。米軍に全部聞いてイチから作るのは、やっぱり現実的じゃない。

マライ　失われる知恵とかね、そういうのはありますよね。やっぱりドイツはちょっと田舎社会っていうか、「そもそもドイツはいつからあるんですか？」っていうのもまた難しかったりするんです。ゲルマン人は、「田舎モン」みたいに言われていたわけなんですよね。すごいざっくり言うとね、中世を経て、イギリスやフランスなどに追いつこうとしてたら、第一次世界大戦起こせるぐらいに発展して、でも結局負ける。それで「俺こそできるんだぜ！」みたいに、ヒトラーが現れて。そしてたぶん当時、これで「ワンチャン本当にいけるんじゃないか」と思った人もいたのかもしれないと思います。

小泉　なんとなくでも、本当に戦争始める時にノリとして、一番近いのはそれ。大日本帝国もたぶんそんな感じだし。

マライ　なんか収拾がつかなくなってきて、結局また負けるわけですよね。また、全員否定されて、再スタート。新たなドイツを築き上げないといけないっていう、トラウマの繰り返しみたいなのがすごくドイツっぽい。第二次世界大戦のいろいろな犯罪、大虐殺含め、責任は残ってるわけで、それは弱点。その弱点を指摘されても、ちゃんと答えられるようにはしなきゃ、みたいなことで肩ひじ張ってるのが、今のドイツ。強めに出すぎてるところがドイツっぽい。アスカに返ると、フタを開けるとけっこうもろかったりするけど、ガチガチいろいろ固めようとしているその姿はドイツっぽい。ドイツ人っぽいというよりも、〝ドイツ〟っぽいなっていう気がします。

太田　やっぱりアスカが「エルステ！（ひとつめ）」とか、ドイツ語で言ってるとカッコいいんですよね。

小泉　ドイツ語で言われるとなんかカッコいいと思っちゃうところは、日本人にあります。

マライ　でもロシア語もじゃないかな。ロシア語とドイツ語って、それ以外の国の人からすると、似たようなものに聞こえるんじゃないですか？

小泉　いやー、でもちょっと違う感じがする。ロシア人から見てもドイツ語を使うとなんか、知的な感じがする、みたいなところはありますよ。

ドイツ人は効率重視で人類補完計画に賛同する!?

小泉　ちなみに、ドイツ人だったら、多くの人が人類補完計画に賛同すると思いますか？

マライ　今のドイツ人はたぶんしないでしょうね。「知らん！」みたいな。

小泉　日本人は、「なんか他人怖いから一緒になっちゃえばいいんじゃん？」みたいなことに賛同する人が、一定割合いそうな気がする。

神島　第三帝国時代やプロイセン時代なら賛同するのかな。

マライ　どうなんすかね。

太田　キリスト教の人って、あんなふうにみんないっしょくたになりたいとか思うわけですか？　だってみんないっしょに液化しちゃうという話ですからね。

高橋　いわゆる近代的な個が確立する前と後では、比較ができないんじゃないかな。

神島　マイスター・エックハルト（中世ドイツの神学者）とかは、「人間は空っぽの器であるべきで、余計なことを考えちゃダメ。神のアイデアを完全に100パーセント満たさなければいけない。自我があってはいけない」みたいなこと言ってて、案の定異端視されたんだけど、ドイツ人ですよね、その人は。

高橋　日本のアニメってこの後で、「個がなくなる」っていうテーマが出てくるんですよね。『マクロスF（フロンティア）』『マクロスΔ（デルタ）』、あと『水星の魔女』もそうだと思うんですけど。

太田　『水星の魔女』もフォローしてる……すごい！

高橋　日本のアニメのクリエイターが向き合いたい、あるいは思春期をターゲットとした作品の中で取り上げられるテーマなのかな？　っていう。

小泉　やっぱ日本人って他人にわりとビクビクしているじゃないですか。さっきドイツ人がどうかな？　と思ったのは、ヨーロッパ人は「他人が怖い」とか思わないんじゃないかなという気がする。ロシア人だったら、「ああ？　シベリアまで追って来ねぇだろ？」って（笑）。

マライ　怖いからはないね。ドイツ人が人類補完計画に賛同する世界線はたぶん、「効率がいい」とかそういうやつですね。

小泉　ゲンドウの人類補完計画とキール議長以下のゼーレの人類補完計画は途中からこう、分かれていくじゃないですか。キールはたぶんそういう動機じゃない。そんなウエットな動機でやってない気がするんです。「人類をより高次の存在に引き上げるのだー！」みたいな、一種の理想主義でやってるんじゃないかと。

神島　『幼年期の終り』[7]読んだ人みたいだ。

小泉　そこにゲンドウが、日本的な浪花節を持ち込んで「惚れた女にもう一度会いてぇんだよ！」とか言って破綻していく（笑）。

太田　ここに『エヴァ』の人物相関図というものがあるんですけどね。ユイとゲンドウの関係に「絶愛」[8]って書いてあるんですよ。

高橋　しかも矢印が一方向だ。

マライ　絶愛ってどんな言葉だろう。

高橋　絶対的な愛情……。

太田　絶対的な愛情なのか絶望的な愛情なのか。

小泉　想像を絶する、かも。

太田　「ひとつになりたい！」みたいな……すごい希望、そこからの拒絶への恐怖みたいなもの。『エヴァ』のテーマそのものだし、あえて言っちゃうと、庵野さんの当時の生きるテーマそのものだったと思うんですよね。それが、インプットされているから、やっぱりアートなんだなとか思うんですよ。

註

（1）「松」型駆逐艦。日本海軍が量産した駆逐艦。建造期間が短く、一部改良型の「橘」型を含め終戦までに計32隻が完成、船団護衛等で活躍した。

（2）大井篤大佐。海上護衛総司令部の参謀。大戦後半の絶望的な状況の中、輸送船などの海上護衛を重視する姿勢をとった。自身の体験をつづった『海上護衛戦』は現在も各所で引用される名著。

（3）「ソビエツキー・ソユーズ」級。ソ連の未成戦艦。4隻が起工されたが、独ソ戦の勃発によって建造中止となった。6万2000トン、三連装40センチ砲3基の強力な戦艦になる予定だった。

（4）M-24チャーフィー。大戦後半に開発されたアメリカ製軽戦車。中戦車クラスの75ミリ砲を装備していた。戦後西側各国に供与され、自衛隊でも使われた。

（5）T-34/85。大戦中のソ連の代表的中戦車。「85」は、ドイツの重戦車に対抗するために主砲を76ミリから85ミリに強化したタイプ。大戦後半から使用され、のちに東側各国でも使用された。

（6）スターリンのイニシャル「Joseph Stalin」を由来とするソ連重戦車。JS-3は122ミリ砲を装備、強力な火力と重装甲を誇ったが、大戦には間に合わなかった。

（7）アーサー・C・クラークのSF小説。人類と高次存在「オーバーロード」との出会いを描く。

（8）辞書上の意味は、「この上なく愛すること」。

第六章

佐藤大輔とドローンの戦争

小泉 悠（東京大学准教授）
高橋杉雄（防衛研究所防衛政策研究室長）

○主な言及作品

『アイアン・イーグル』
ウォーシミュレーションゲーム
　『エスコート　フリート』『ニイタカヤマノボレ』『リターン トゥ ヨーロッパ』
　『レッドサン　ブラッククロス』
『宇宙戦艦ヤマト』
『宇宙の戦士』ロバート・A・ハインライン
『うる星やつら２　ビューティフル・ドリーマー』
『エイセス・大空の誓い』
『エイリアン』
『大空のサムライ』坂井三郎
『Без неба』　ナタン・ドゥボヴィツキー
『ガサラキ』
『ガニメデの優しい巨人』ジェイムズ・P・ホーガン
『ガメラ』シリーズ
『機動警察パトレイバー』シリーズ
『機動戦士ガンダム』シリーズ
『機動旅団八福神』福島聡
『恐怖の総和』トム・クランシー
『クレムリン悪魔の賭け』宮内邦子
『クレヨンしんちゃん　嵐を呼ぶ アッパレ！ 戦国大合戦』
『攻殻機動隊』
『ゴールデンカムイ』
『ゴジラ vs ビオランテ』
『コンバット』
佐藤大輔諸作
　『逆転・信長軍記』『凶鳥〈フッケバイン〉／黙示の島』『皇国の守護者』（原作：佐藤大輔　作画：伊藤悠）『侵攻作戦パシフィック・ストーム』『征途』『地球連邦の興亡』『遙かなる星』『レッドサン　ブラッククロス』『レッドサン　ブラッククロス秘録』
『シビル・ウォー　アメリカ最後の日』
『新世紀エヴァンゲリオン』シリーズ
『スカイ・クロラ』森博嗣
『西部警察』
『西部戦線異状なし』
『戦国の長嶋巨人軍』志茂田景樹
『装甲騎兵ボトムズ』
『ソードアート・オンライン』
『ソ連軍事情報の読み方』惠谷治
『ダウン・ツ・ヘヴン』森博嗣
『知能化戦争』龐宏亮
『超時空要塞マクロス』
『トゥルーライズ』
『トップガン』『トップガン　マーヴェリック』
『トップをねらえ！』
『2001 年宇宙の旅』『2010 年宇宙の旅』A・C・クラーク
『2020 年・米朝核戦争』ジェフリー・ルイス
『博士の異常な愛情』
『BEATLESS』長谷敏司
『ヘルシング』平野耕太
『北海の堕天使』吉岡平
『またまたあぶない刑事』
『無責任艦長タイラー』吉岡平
『名探偵コナン　絶海の探偵』
「要塞」シリーズ　作：荒巻義雄　画：佐藤道明

佐藤大輔『遙かなる星』は完結している!?

——ここにはわかる方だけが喜ぶ……すごいものが……。

小泉　わかる人にはわかる。お好きな方にはたまらない。

高橋　我々の年代ぐらいの、軍事が好きな人が必ず読んでいた小説家で、佐藤大輔さんという方。２０１７年に亡くなられたんですけれども……。佐藤さんが書いていたのは、〝仮想戦記〟と呼ばれる、いわゆる「歴史・ｉｆ」モノです。代表作がこのボードゲームと同じタイトルの『レッドサン　ブラッククロス』という小説ですね。このほか、『征途』『遙かなる星』などの著者なんですが、その源流がこの『レッドサン　ブラッククロス』を含めたゲームなんですね。これは１９８５年発売で、「シミュレーションゲーム」というもの。六角形のマスがある地図の上に、コマを置いて動かし、戦争をシミュレートするというものです。

小泉　コマ小さくて、細かいですねぇ。

高橋　設定として、第二次世界大戦でドイツがイギリスに勝って、イギリスを占領した世界。日米戦争は起こらず、日本とイギリスが同盟関係になっていて、ドイツと日本がインドをめぐって戦争をするというゲームです。このゲームは、インパールからエル・アラメインまでの間、つまりリアルな第二次世界大戦で日独が行けなかったところを戦場にしてゲームを作ろう、という発想から始まったそうなんです。ドイツのジェット戦闘機のMe－262とか、日本の烈風、そして「大和」型[1]は4隻出てきますし、その後の51センチ砲搭載の「紀伊」型[2]も2隻出てきます。そういう幻の兵器を登場させて戦うコンセプトで、当時ゲーマーの間でものすごい人気を博したんですね。それが、このあとの、小説としての仮想戦記につながっていったとも言えるので、日本のこの軍事オタクの歴史の中で非常に大きな分岐点になった作品です。

――90年代の冒頭に「仮想戦記」ブームというのがありまして、佐藤大輔さんはその旗手みたいな人ですね。最近の読者には、『皇国の守護者』という作品のマンガ版などが記憶に新しいでしょうか。本書の中でも、小泉さんが数度言及されていましたが、高橋さんもご縁がおありと聞いています。

高橋　私は、『TACTICS（タクテクス）』という雑誌でスポーツゲームのお手伝いをしていたことがあります。この中で言うと、『エスコート　フリート』っていう、『レッドサンブラッククロス』シリーズの中でも、海上護衛戦をテーマにしたゲームなんですけど、これを紹介してる号などで関わっています。

小泉　こういうゲームの専門誌だったんですね。雑誌があるぐらい当時流行ってた……。

高橋　佐藤大輔さんとかが働いていた「アド・テクノス」っていう会社に、「ホビージャパン」がインタビューしてるんですけど、この写真のどこかに佐藤大輔さんが写ってます。おそらくこのメガネの人じゃないかな。

——え……、さわやかですね。

小泉　たしかにね、ふてぶてしくなってからの佐藤大輔しか僕たちは知らないので……。おそらく遭遇年代によって佐藤大輔像がけっこう違ってて、高橋先生は僕よりいくつ上でしたか。

高橋　1972年生まれ。

小泉　ちょうど10年違うんですよね。だから高橋先生の場合は、おそらく高校生とかの時に、こういうボードゲーム全盛時代があって、そこで伝説的なゲームデザイナーとしての佐藤大輔に遭遇している。僕はそういうものがあること自体、けっこう後になるまで知らなかったぐらい。僕は、1990年代に仮想戦記ブームで出会ったんです。猫も杓子も仮想戦記だった頃があるじゃないですか。

『レッドサン　ブラッククロス』などのシミュレーションゲーム。同名の小説『レッドサン　ブラッククロス』シリーズにつながっていく。

高橋　書店の本棚2つぐらいを占

めていたね。

小泉　うちの近所の小さな図書館の分館でさえ、すごくいっぱい仮想戦記が入ってて、明らかに「アンタ戦記とか書いたことないでしょ？」という作家が、無理やりな仮想戦記を書いてる、みたいな時代があったわけです。志茂田景樹先生だって仮想戦記を……。

高橋　書きましたね。諸葛孔明が山本五十六に転生する（笑）。

小泉　『戦国の長嶋巨人軍』とか（笑）。あそこまで開き直れるところも小説家の技量なのかなって感じも逆にするんですけど。軍艦好きの少年としては、そういうのを読んで、『大和』が活躍してる！」って、「わーっ!!」と思ってるんですけど、さすがに1年も読んでると、だんだんこのおじさんたちふざけて書いているんじゃないか、って気がついてくるわけですよ。そう思ってる時に、うちの図書館分館の棚にコイツが刺さってたんですよね。『遥かなる星』というタイトルを背表紙で見て、なんだこのタイトル？　と思って……。

高橋　最初は『遥かなる星』ですか？

小泉　『遥かなる星』が最初なんです。手に取ってみるとこのイラスト、鶴田謙二さんなんですよ。表紙の絵が仮想戦記のどぎついギトギトした絵柄とは全然違っていて、「ラノベかな？」と思ったんだけども、ロケットみたいなものが撃ち上がってるし、次巻はなんかカナードの付いた爆撃機が描かれている。「なんだこりゃ？」と思って、読み始めてみたら、どう考えても他の作家と違うんですよ。

高橋　何しろ米ソで核戦争起こりますからね。

小泉　知識の量と文体が独特なんですよね。ちょっと翻訳物を意識したような文体で。というところから、僕は佐藤大輔ワールドに入っていった。同じ人なんだけど、高橋先生とは入り口が全然違いますね。

高橋　そうですね。ただこれ、単なるゲームじゃなくて、設定資料があるんですよ。烈風とか、ドイツであればTa－152とかにも。たとえば『レッドサン　ブラッククロス』の続編の『リターン　トゥ　ヨーロッパ』という作品は、インドでの日本とドイツの戦いが日本優位に終わって、今度はアメリカ大統領になったパットンが、チャーチルと組んで大陸反攻をするっていう物語。ヒトラーはすでに暗殺されていて、ドイツの総統はロンメルなんですけど。そんなことが、細かーく書いてあるんです。この世界における正史が。当然、兵器もですね、ドイツのⅧ号戦車「ヤーゲル」[3]であるとか……。

小泉　Ⅷ号戦車までいっている。

『遙かなる星』（徳間書店）。現在は、ハヤカワ文庫から異なる表紙イラストで刊行されている。

高橋　で、アメリカがM－26A2カスター重戦車とか、日本が十式中戦車。「富嶽」[4]は当然出てきます。このストーリーがすごくおもしろくて、当時のファンはこのヒストリカルノートを買うためにゲームを買っていたとも言われていました。これを書いた人が佐藤大輔という人なのは認識していたんですけど、本屋を歩いてて、『征途』という本があって、そこに佐藤大輔と書いてあった。「同一人物なのかな?」と思ったら、同一人物で。私はそこからですね。

小泉　じゃあ、小説家としての初サトーは『征途』ですか。なんていうか一番真っ当な入り方ですね。

高橋　まだ1巻しか出ていない時、たぶん出てすぐだと思うんですけどね。

小泉　『征途』もね、すごいですよね。日本南北分裂モノ。要するにスターリンの北海道北部占領プランが実現した世界における分断日本モノで。そして、裏テーマ……というか、『宇宙戦艦ヤマト』のパロディですよね。

高橋　いろんなところにパロディがありますね。

小泉　登場人物が、「守」「進」だし。つまりこれ、最終的に「大和」が活躍する話にするために書かれている。だからまずレイテで「武蔵」のかわりに「長門」が沈むと。そして沖縄に、「大和」のかわりに「武蔵」が行って、坊ノ岬沖に沈む。でもちゃんとアメリカに一矢報いて。「大和」は残るんですよ。さらに、その残った「大和」が、分裂日本におけるいろんな戦いに参加して大活躍をすると。北日本側はなんとソ連から「ソビエツキー・ソユーズ」をもらい受けてですね、「解放」という名前をつけて……。

高橋　40センチ砲の戦艦。ソ連が作っていた。あれ、ちゃんと就役したんでしたっけ？

小泉　就役してて、ただ最終的に「大和」とは殴り合いが……。

高橋　ああ、そうじゃなくリアルで（笑）。

小泉　してないです（笑）。幻の北日本は意外と強いというか、とんでもない軍事国家なんですよね。戦闘序列とかも載ってるんですけど、とんでもない分厚い編成で、これ朝鮮半島よりやばいじゃねぇかみたいな。90年代の想像力っていうか、本当軍事オタクが、好き勝手に書いた日本近現代史みたいな感じですよね。

高橋　今思うと、書かれたのはまだ北朝鮮が核を持つ前で。作中の日本民主主義人民共和国が核を持って、最後は核戦争するんですよね。そういう意味で、ある種の先見の明があったみたいなところがあるかも。

小泉　『征途』の時点からすでに始まってるんですけど、「宇宙」っていうテーマが、佐藤大輔の中におそらくある。彼は『サンダーバード』の熱烈なファンでもあり、『宇宙戦艦ヤマト』のファンでもありってことなので、「宇宙に」っていうのがあって、『征途』の最後も、「次の世代は宇宙に行くんだ」みたいな終わり方をするんですね。

高橋　最後はそう、最初と最後はそうです。

小泉　『遥かなる星』のほうは、キューバ危機が、本当に全面核戦争になってしまう世界なんですよね。で、アメリカはもう完全に崩壊。自称、国家と称するものがいちおうあるんだけど、実質的に無政府状態。ソ連はどうにか存続しているけどボロボロ。そういう中で日本が漁夫の利で超大国化している。でも、次に核戦争があったら絶対地球がもたないからと、核で滅びかかった世界ですさまじい勢いで宇宙開発を進めている。なんとなく『征途』から『遥かなる星』までつながる何かは感じるんですよ。

高橋　ちなみに『遥かなる星』って、終わったと思ってますか？

小泉　いや、そこなんですよ（笑）。

高橋　終わった説を言う人もいるし、僕は終わってないと思ってるんだけど。

小泉　佐藤大輔が「ＳＦマガジン」のインタビューで、４巻を書く気があると言ってて。

高橋　やっぱ終わってないよね？

小泉　ねぇ（笑）。「宇宙自衛隊とか宇宙人との接触とかも出てくる」と、佐藤さんは言っていて。ただ僕は、これで終わってる説を取ってるんですよ。

高橋　おお、ソッチ側ですか。

小泉　佐藤大輔は〝三巻王〟と呼ばれてて、ノベルスを３巻書くと、そのテーマに飽きてしまう。で、完結させないで次のシリーズを始めちゃうっていう癖があるんですけど、そういう意味では『レッドサン　ブラッククロス』は3巻以降もずっと書き続けたから、彼の中ではまだあれは掘れるテーマがあったのかな、と思えてて。

高橋　でも、「パナマ運河」戦の直前で何十年も止まっているわけですよ。

小泉　書かないで死んじゃいましたからね。でも『レッドサン　ブラッククロス』は書いたほうかな（笑）。『遥かなる星』は〝三巻王〟のセオリーに見事に合致していて、3巻で止まってる。僕はこれを高校生の時に見つけたんで、「4巻は出ないのか？」「4巻は出ないのか？」ってずーーーっと思ってて、結局出ないまま作者が死んでしまった。しかしですね、僕はこの3巻で終わるのは、いいんじゃないかと思ってるんですね。3巻は、宇宙服着た女性があっちの世界とシンクロしちゃったような表紙なんですけど、いよいよこの世界の日本で宇宙への脱出が本格化し始める、というところが描かれているんです。そこにミリタリー的なインシデントが起こるんだけど、でもやっぱり日本の宇宙への暴走は、止まりませんでした、みたいなことがなかなか詩的に表現されて終わる。僕はあれは美しいラストなんじゃないかなと思ってるんですね。これで宇宙人なんか出てきたらかえって興醒めだから、これでいいんです。

高橋　あとは『侵攻作戦パシフィック・ストーム』は……。

小泉　『パシフィック・ストーム』は明らかに未完ですね。明示的に終わったのは『征途』。

高橋　それ以外は……。

小泉　ちゃんと終わってない（笑）。『皇国の守護者』もそうだし、『信長軍記』[5]とかね。三州公いつまで突撃してるんだ？　という（笑）。

高橋　ただ当時は『アルスラーン戦記』も『ファイブスター物語』もずっと止まってたしね。なんか、あの頃ってすごく待たされてた時期って記憶があるんですよね。

小泉　我々にとってはみんなそういうものだったたって感じなんですかね。

――吉岡平さんの『無責任艦長タイラー』とか、あれはスパスパ出ましたよね。

小泉　そうですね。まあ『無責任艦長タイラー』自体は、もともとスペースオペラ系な感じで始めて、でも突然タイムスリップして、日清戦争参加しちゃうとかね。

高橋　吉岡平さんも仮想戦記書いてて、『北海の堕天使』って、北欧の国がすごい近代戦艦を作っていて、太平洋戦争に勝って驕り高ぶる大日本帝国と北太平洋で戦うっていう物語。北欧の戦艦は日本側よりも射程が長いし、レーザー兵器まで積んでるので、次から次へと日本の戦艦が沈められていくっていう物語があるんですよ。

小泉　珍しいストーリーですね。日本人の地政学的な想像力の中に、北欧ってないじゃないですか。戦火を交えたこともないし、むしろ「ムーミン」とかなんかいいイメージがあって。そこに北欧が大戦艦を作って殴り込んでくる、っていうことを想像する吉岡平はやっぱりすごいな、と思うんですよ。何食ったらそんなこと思いつくんだろう。

――（担当）私、じつは原稿をいただいたことがあるんです。「ミッドウェー海戦」ってお題に対し、陽動のためアリューシャン方面を攻めていた細萱戊子郎という提督の孫が吉岡さんの後輩で……みたいな話を書いてくださって。なぜそんな話を⁉　って（笑）。「別冊宝島」の古い号に載っています。吉岡さんも２０２３年に亡くなりました。

小泉　そうでしたね、残念だった。佐藤大輔も亡くなったのが２０１７年。

高橋　その訃報を見た時に、がっかりした。とにかくがっかりした。「えーっ？」って感じでした。

小泉　高橋さんとは、10歳違いますけど、それぞれのチャンネルで僕たちの青春をグチャグチャにしてった男なんですよね。責任取りなさいよ！　みたいなそういう気持ちがね。

高橋　とりあえず完結させてくれよって。

小泉　いや、そうなんだよね。一番いいとこでやめるんです、コイツは。コイツって言っちゃったけど（笑）。これから今まさに決戦で血湧き肉躍るところで。

高橋　次回に続く……。

小泉　で、その次回はないっ！　っていうのが佐藤大輔なんですよ。まぁでもそれは、「あとはお前らで考えてくれ」ってことかもしれないですからね。「青春グチャグチャにされた」

といっても、佐藤大輔に出会わなかったらリア充だったわけでは明らかにない（笑）。

〝冷戦〟に持っていた憧憬

小泉　自分の棚にあった当時のノベルス本の、佐藤大輔と一緒に並んでいるのも持ってきたんです。これみんな買ったの、高校生とかの時です。「要塞」シリーズ（荒巻義雄・作、佐藤道明・画）、『ソ連軍事情報の読み方』（惠谷治）、『クレムリン悪魔の賭け』（宮内邦子）です。荒巻義雄の仮想戦記小説って、「ハハッ！　山本さん！」みたいに、しゃべり方がすごい昭和のおじさんというか、東海林さだおのエッセイに出てきそうな話し方をするんです。でもこっちの絵はすごい幻想的な感じで、本当に硬質なＳＦ。倉橋由美子とかと並べられていた頃の初期・荒巻義雄の雰囲気があって好きです。そして『ソ連軍事情報の読み方』は、軍事ジャーナリストの惠谷治さんがソ連軍事の読み解き方をジャーナリスティックに書かれているんですけど、じつは挿絵は若き日の小林源文先生なんですよ。こういう、ちょっと前に終わった冷戦とか仮想戦記ブームを、90年代終わりから２０００年代頭ぐらいに追いかけていたわけなので、これは佐藤大輔に出会っていてもいなくてもダメだったんじゃないかという。そしてこれ、『クレムリン悪魔の賭け』。

高橋　このタイトルの本、当時出せたんだ（笑）。宮内邦子さんって、ソ連研究では有名で。

小泉　防衛研修所と言っていた頃の防研のソ連研究の大家で、この本の中身もかなりまともなんですけど。でも、タイトルは『クレムリン悪魔の賭け』ですよ（笑）。

高橋　出版社がつけたんでしょうね、きっと。

小泉　これやっぱでもあれですか、今防研でこのタイトルで出すのはちょっとなんかはばかられる感じがあります？

高橋　えっとね、たぶんね、出版社が勝手につけたんです、って言い訳しなきゃいけない気がしますね（笑）。

小泉氏がこの日持参した書籍群。

小泉　だってこれ、このタイトルでありながら、推薦文は何と高坂正堯[6]なんですよ。

高橋　――ほほう。

小泉　じつは、私、佐藤大輔の復刊版（『凶鳥〈フッケバイン〉／黙示の島』）に「そんなに好きなら解説書きませんか？」って書かせてもらってるんです。「佐藤大輔と私の90年代」的な、「ダレ得？」みたいなやつ書いたんですけど。当時、90年代の千葉県松戸市の辺境部って、リサイクルショップブームなんですよね。〝ネオ古道具屋〟みたいなものが次々出てきて、壊れかけの電気スタンドとか自転車とかと一緒に、こういう古本をいっぱい売っていた。きっとその10年前とかにビジネスマンが買って、ふんふんと読んでいた本を、その10年後ぐらいに僕が見つけて、「わーなんだこりゃー！」と読んでいるみたいな。そういう経緯で出会ってるんで、僕の中で、90年代のあの埃っぽいリサイクルショップと、仮想戦記とか冷戦期の軍事情勢モノが結びついているんです。

高橋　ちょっと研究者っぽい話をすると、この種の時事ものの本って、すぐなくなっちゃうんですよ。売り切って再版とかされない。当時の分析とかを引用しようとすると、後から手に入らないんですよ。だからもう、とりあえず買っとこうみたいな感じ、時事ものは。

小泉　たしかに、水ものですからね。『クレムリン悪魔の賭け』も、オビじゃなくて表紙に直接、「ソ連は、いつ第三次世界大戦の引き金を引くのか？」って書いてあります。これの刊行が80年。前年にソ連のアフガン侵攻があってデタントが崩壊して新冷戦に突入していく。まさにその時期に書かれた本ですね。

高橋　後から振り返る本じゃないんですよね。

小泉　その後のゴルバチョフ登場までの5年間ぐらいが読みどきの本だったんでしょう。

高橋　それを90年代に読んじゃう小泉少年。

小泉　そういうのを読んで、「10年ぐらい前までなんかとんでもねぇことになってたんじゃねえか」みたいなことを考えながら、ソ連の軍事へ興味を持っていったんです。僕が戦車にあまり惹かれなかったのはそこじゃないですかね。ちょっと前まであったらしい冷戦時代への関心、みたいなものが根底にあるから、潜水艦とか核ミサイルとかに関心が向かっていった。

――「エイブル・アーチャー」の前ぐらいの本ですものね。

小泉　１９８３年にＮＡＴＯがやったエイブル・アーチャーって核戦争演習に、当時のソ連のアンドロポフ書記長が過剰に反応したんですよね。「核先制攻撃の準備なんじゃないか？」って、疑心暗鬼になって、「こっちから先にやっちまうか？」ってことを本気で考えていた。その真っ最中に僕、生まれてるんで、「憧憬」と言ったら変なんですけど、そういう何かがあったんでしょう。

佐藤大輔とアメリカとバブル日本

――映画『シビル・ウォー』は、アメリカが西部と東部で内戦やってて、南部がどっちつかずみたいな構図なんですけど、これ『レッドサン』で見たなって思ったんです。

高橋　『レッドサン　ブラッククロス』もそうだし、『遥かなる星』もそうですね。アメリカが分裂する。

小泉　『侵攻作戦パシフィック・ストーム』もそう……。

高橋　あれは南北戦争が引き分けに終わったってやつですね。『シビル・ウォー』の場合は今の分極化っていうのを前提にしてるんだと思います。

小泉　佐藤大輔がこの仮想戦記を書いていた80年代の終わりとか90年代っていうのは、まだ古典的な日本のナショナリストのアメリカに対する反発、「いつか対米自立を果たしてやるのだ！」っていう気持ちが強かったんだと思いますね。あと『征途』なんかに顕著ですけど、「日本はそれができる」っていう上り調子な空気があります。

高橋　バブル期の最後の雰囲気が残ってる。

小泉　佐藤大輔の『レッドサン　ブラッククロス秘録』とかの副読本を読むと、いわゆる普通の「仮想戦記」は、戦術的勝利で歴史改変をしようとするからダメなんだって言うんですよね。佐藤大輔の根本には、「アメリカはすげー国」という思いがある。そうであるがゆえに、「アメリカにちょっとしたｉｆで勝てるわけがねぇだろう」というのが、物語制作の基礎になると思うんですよ。だから、もっとずっと前まで遡って歴史改変をしないと、日本がアメリカと対等に渡り合えるという設定が成立しない。「日露戦争で日本を負けさせてみる」とか、「南北戦争がちゃんと終結しない」とか世紀スパンの長い歴史改変を必ず仕込みますよね。

高橋　この『ニイタカヤマノボレ』っていうゲームも、アメリカがハワイ共和国領の真珠湾を奇襲するという場面から始まる。なんでそんなことになってるかというと、箱館戦争の後、榎本武揚の一党がハワイ王国に亡命して、ハワイは独立を果たし、日本と同盟している。「金剛」型の戦艦がハワイ王国に供与されているのを、米軍が攻撃するっていう始まり。1世紀以上にわたる歴史改変の結果、日米が違う条件で戦争をする、という物語をベースにしています。

小泉　佐藤大輔の頭の中で、そういうことにでもしないと、彼がやりたい状況が作れないってことですよね。アメリカ強いってのと、戦後の日米安保とか「中曽根の対米追従路線」に対する反発っていうのが相当あるから、『征途』ではレイテ沖で中曽根死なせてるんですよ。「長門」の主計将校として中曽根君が乗り込んでいる。鼻が高く、妙に構えた表情の高飛車な主計将校が（笑）。そいつはレイテで「長門」と運命を共にしている。彼の中で、自分が若い頃の日本のあり方に対する反発もまたあったのかなっていう。

高橋　ああ、たしかに。

小泉　佐藤大輔といえば、平野耕太さんって佐藤大輔とも関係が深かったですよね。『ヘルシング』はめちゃめちゃ興奮して読んでましたけど、後から伝わってくるヒラコー（平野氏の愛称）の人柄に、めちゃくちゃ親近感を覚えるところがあります。佐藤大輔さんの本当の人格というのは、僕は生前お目にかかったことが残念ながらないので、わかんないんですけど、2ちゃんねるの佐藤大輔スレでは、「エロゲデブ」って呼ばれてたわけですよ。いかにもオタクの太った男が、エロゲやったりフィギュアを集めたりとかして、こういうマニアックな小説を書いているみたいな、そういうカリカチュアライズされたオタク、みたいなイメージで佐藤大輔が語られてたんですよね。

高橋　『レッドサン　ブラッククロス』の製作日記みたいなのにも、「みんなでコミケに行ってた」みたいなことが書いてあって、コミケ好きなのかなと。

小泉　当時の、しかもコミケがやっぱ盛り上がり始めた頃だったでしょうし。私は亡くなったずっと後になってから、佐藤さんの思い出を語る会みたいなのに呼ばれたりとかして。実際に交流があった人たちから聞く佐藤さんの人柄は、2ちゃんねるで言われていたエロゲデブとはずいぶん違う。なんかもっとすごくストイックなクリエイターという感じ。だいぶ印象が違うなという感じはしましたね。

『クレヨンしんちゃん』の自衛隊考証がすごい

――ハリアー[7]ってアニメや映画にすごく出ていた印象があります。押井さんの『うる星やつら2 ビューティフル・ドリーマー』とかにも。

高橋　使いやすいんじゃないかな。滑走路とかいらないし。

小泉　僕が中学生の時、金曜ロードショーで観た『トゥルーライズ』のハリアーがカッコいいんですよ、USマリーン塗装で。AV-8B！　あの時のアメリカの力の象徴みたいな感じもありましたね。

高橋　開発したのはイギリスだけどね。

小泉　もとはホーカーではあるにしてもですよ。

高橋　「ペガサスエンジンを載せる」機体だからね。

小泉　『トップガン』で海軍に入隊希望者が増えて、陸軍が『アパッチ』作ったわけじゃないですか？　海兵隊は『トゥルーライズ』で、シュワちゃんに協力してと思ったんですかね。

――『トップガン　マーヴェリック』って、ちょっとした仮想戦記ですよね。敵は、確実にSu-57[8]だし。

高橋　英語だと「イラニアンのなんちゃら」って言ってますから、敵はイランですけどね。あと、『アイアン・イーグル』も中東某国の核施設の爆撃の話だね。

小泉　『アイアン・イーグル』知らなかったです。

高橋　主役メカは、F-16で、ちなみに『アイアン・イーグルⅢ』（日本では『エイセス・大空の誓い』というタイトル）は、零戦（零戦を模したいわゆるテキサン・ゼロ）とP-38と、Bf-109に扮したP-51A、スピットファイアとか、大戦機が出てきて爆撃をする。

小泉　いや言っちゃなんですけど、僕が知らないってのは相当マニアック（笑）。主演は誰ですか？　有名な人ですか？

高橋　いや僕も飛行機しか覚えてない。

――自衛隊が映画に協力するようになったのっていつからなんでしょうか。

高橋　『ガメラ』……あ、いや、『ゴジラvsビオランテ』。84年の『ゴジラ』はあれだけ自衛隊出てくるんですけど、エンディングのクレジットに自衛隊出てこないんで、たぶん関係ないんですよ。『ビオランテ』には出てたはずです。

小泉　最近、自衛隊の映画協力だけをテーマにした研究書が出たはず。

高橋　自衛隊協力作品には『名探偵コナン』さえあるわけだからね。イージス艦が舞台で、日本の北西にあるとある国との関係っぽいモノの作品があるんですよ。

小泉　あとあの、『クレヨンしんちゃん　嵐を呼ぶ　アッパレ！戦国大合戦』の自衛隊が出てくるところとか、めちゃくちゃ考証ができてるらしいですよ。雑誌の「歴史群像」の映画評コーナーって、細かい考証についていつもネチネチ言ってるんですけど、これは絶賛していました。あのうるさ方たちが納得するということは、これはすごいんだなと（笑）。

二足歩行ロボットは格闘戦で使うべし

――二足歩行ロボットって、実用としてはどうなんでしょう。

小泉　いや、野戦兵器ではないですわな、あれは。『パトレイバー』でも野戦だと多脚レイバーですね。あ、陸自は、「ヘルダイバー」も持ってますね。でもなかなか野戦兵器にならないんじゃないかな。

高橋　ヘルダイバーは、空挺部隊という前提でいうと、生身の歩兵部隊に対して、輸送機から落とせる火力ということでいうとあるかもしれない。

小泉　「ブロッケン」は。

高橋　「ブロッケン」はないかな。

小泉　ないですよね（笑）。映画版とかに出てくるものを含めて、軍用レイバーはやっぱり多くは多脚なんですよね。ロープロファイルなんですよ。二足歩行ロボが戦えるとしたら、やっぱり地球上だと市街戦じゃないかしら。

高橋　僕が大きな問題だと思うのは、やっぱり関節があると、反動を受けるじゃないですか。命中率がすごく低いはずなんですよね、人間が撃つのと同じで。人間撃つと命中率低いから、車載機銃って車に装備するわけで。『パトレイバー』では「イングラム」が人間みたいに両手で構えて撃つ場面がある。たぶん二足歩行ロボだと人間と同じように重心をしっかりしないと、当たらない。宇宙空間だったら、反作用で軸を中心に回ってしまうから、実体弾だったら、やっぱり難しいと思いますね。あるとすれば……。

――「ガンキャノン」。

高橋　いや、格闘戦しなきゃいけない状態。格闘戦は人間がパイロットであるかぎり、人間の動きじゃないとたぶん難しい。富野由悠季さんがミノフスキー粒子を発明して、「接近戦しなきゃいけなくなった」っていう設定は、すごいんですよ。あとは、『マクロス』みたいに敵が巨人。

小泉　敵が巨人！　なるほどね。

高橋　こっちも同じサイズのものが必要。

――「ガンダムファイト」[9]をやるにはアレですね。人間の形のほうがいい。

小泉　そもそも敵が人類と同じサイズって保証はないわけですよね。

高橋　ない、うん。

小泉　『ガニメデの優しい巨人』だ。

高橋　もしかしたら「エヴァインフィニティ」を持ってる星と接触するかもしれない。

小泉　重力によって全然大きさが違う可能性はあるわけじゃないですか。『エイリアン』とかも、たまたま人類の宇宙船の中を這い回れるサイズだからいいわけですけど、こんなでかくてキツキツになっちゃうかもしんないすよね。

高橋　またはこんなに小さくて、簡単にこうハエタタキに潰されるの。

小泉　バシッ！　イテッとか（笑）。

——もしくはパワードスーツでしょうか。

高橋　そうすると「ボトムズ」、「アーマード・トルーパー」ですよね。

小泉　強化外骨格、エグゾスケルトン的なものは各国の軍隊もぼちぼちと使い始めたり、実験をし始めてるわけで、あの延長線上にパワードスーツっていうのはあるかもしんないですよね。だから「宇宙の戦士」から「ボトムズ」に至るあのサイズ感は、アリかもという気はする。

——デカいほうが強いから、最終的には全高10メートルになるパターンもあるんですね。

高橋　まぁ、あるかもしんない。高いほうが有利だったらね。

小泉　強化外骨格化されたパワードスーツ化歩兵部隊で、戦車と殴り合おうと思ったらそのぐらいの大きさになってた、っていうような可能性は、瞬間的にある気がするんですよ。瞬間的にあって、でも結局、やっぱ普通に戦車揃えたほうがいい、みたいな結論になって廃れてくみたいな。そんな兵器って、いっぱいあるじゃないですか、歴史的に。

高橋　戦車もほら、アニメとかだと戦艦「大和」の主砲みたいにゆっくり砲塔動くじゃないですか。でも実際には秒間射撃能力はもっと高くて、1秒で90度近く変えられますからね。パンパンパンって連射できるんで、二足歩行兵器がわーってやってきたら、戦車砲でなぎ倒されますよ。

『ガンダム』世界の階級はテキトー!?

――『逆襲のシャア』の参謀次官というキャラが、『ガンダム』で一番好きなキャラでして。

高橋　アデナウアー・パラヤがですか!?　「シャアは正直なんだよ」（劇中のセリフ）。

――……すげえだまされてるんですよ（笑）。あの人政治家なんですかね？

高橋　『逆襲のシャア』にさ、参謀次官っていう地球連邦参謀次官って人が出てくるのよ。

小泉　参謀次長ではなく参謀次官？

高橋　シビリアン。官僚。

小泉　なんか私が知っている行政機構とは違うルールで動いているっぽいですね。

高橋　参謀本部の政策補佐官というのはわかるんです。次長というからにはラインに入っているので、地球連邦国防省の次官じゃなくて、連邦参謀本部の参謀次官だと思われる。

小泉　ソ連の場合は国防省と参謀本部が同じ役所なのかは、はっきりしてなかったんですよ。今でもじつはそうなんです。あと昔のロシアで国防次官やったアンドレイ・ココーシンが書いた政軍関係論の論文の中で、アイゼンハワー以前のアメリカにも、そういう曖昧性があったみたいなことが指摘されています。正しいかどうかわかんないですけど。

高橋　国防省がない時ね。陸軍省と海軍省しかなくて。アメリカは参謀本部はないけど。

小泉　……みたいな話をしてたから、今我々が知ってるスタンダードな政軍関係と違うものも、それがありうるのかもしれないですね。

高橋　『ガンダム』は、階級も適当。アムロは伍長だったのが大尉になるわけですよ。

小泉　いきなり？

高橋　いきなりっていうか、何年かして。最初から曹長かな。下士官が普通士官になるというのはあまり普通のキャリアパスではない。

小泉　戦時中だとあるんじゃないですか？

高橋　そうそう。たとえばブライト少尉が艦長をやるみたいな話も、あれはすごく戦術士官が消耗しているからということで、説明はできるんだけど、階級と指揮権のバランスっていうのがちょっとリアルと違うな、というのはありますよね。『ヤマトよ永遠に』ではアルフォン少尉というキャラが出てくるけど、地球侵攻部隊の大事な指揮官なんですよ。でも、少尉というからには、士官学校を出てすぐの人だから（笑）。

小泉　下士官からのたたき上げ。

高橋　そうかも（笑）。坂井三郎の『大空のサムライ』にも特務少尉になって、なんか「苦労が報われた」みたいな描写がありますよね。戦場ではあるとは思うんですけど、そういう特別な事例じゃなくて、直線的な昇進ルートだと捉えられてる気がする。

小泉　つまり下士官から将校に上がることが、普通にポンポンと上がってくるものと思われがちだということですよね。本当はそこにすごく大ーきな違いがあるんですけど、実質的に別の仕事というか。サブカルチャーの中で、階級で呼ばれる人っているじゃないですか。『攻殻機動隊』の草薙素子が「少佐」とか。ああいう呼び方、あまりしなくないですか？

高橋　自衛隊では言わない。

小泉　言わないですよね。

高橋　「三佐、三佐！」とかは言わない。でも、米軍人が「メイジャー」と呼んでいるのを聞いたことはある。「あ、言うんだ！」と思ったね。

小泉　たしかに「ジェネラル」「アドミラル」っていう呼び方をするわけですよね。その延長線上で階級で呼ぶってあるのか。

高橋　「メイジャー○○」って言うのかと思ったら、単に「メイジャー」って呼んでて、これは『ランボー』の「大佐」もありかと。

小泉　ランボーがトラウトマン大佐のことを「大佐」って呼ぶのもアメリカ的にはあるってことですね。

高橋　やっぱり「カーネル」って言ってるから。

――階級を付けて呼ぶことはないんですか？

高橋　自衛隊でも呼びますよ。「高橋課長」と呼ぶこともあれば「高橋一佐」って呼ぶこともあるし、「高橋さん」って呼ぶのもたぶんあって。

――あ、「シャア少佐」？

高橋　「少佐ー！　助けてください。減速できません」（劇中のセリフ）

小泉　カーネル・サンダースも別に軍人じゃないんでしょう？

高橋　あれどうなんだろう？　両説あるでしょう。

小泉　ああ、そうなんですか。あれは居酒屋の「大将」みたいな意味での〝大佐〟だとか聞いたことがありますけど。本当に軍人ではあったのかな。大佐ではなかったけど[10]。

高橋　でも「サンダース」というと軍曹だよね。

小泉　「コンバット！」（『コンバット』ＯＰ冒頭のセリフ）

高橋　あとね、『ガンダムＳＥＥＤ』だったかな、サザーランド大佐は、ディスプレイには「アドミラル」って書いてあった。艦隊指揮官クラスだし、大佐じゃねえよなって。

――そういえば、マ・クベとか。

高橋　あ、マ・クベね。

――基地司令ですからね。

高橋　一般的には将官ですね。

小泉　それで言えば『ゴールデンカムイ』の、鶴見中尉が中尉なのに、軍の中でものすごい権限を持ってるのがよくわからない。せめて鶴見「中佐」って言ってくれれば納得できなくもないですけど、中尉じゃあんなに暴れられんだろう、と。

――中尉なら小隊長、よくて中隊長。厳しいですね。

小泉　佐官だったら陰謀家として、なんか箔がつくのになぁと思ってしまう。やっぱ日本人って、軍事階級に触れることがほとんどないので、それっぽいことを言っておけば、それっぽく見えてしまうところがあるんだと思うんですよね。

高橋　最近、雑誌「ＭＡＭＯＲ」で階級特集をやったんですよ。

小泉　「ＭＡＭＯＲ」でそんな生臭い話を。

高橋　そう。シャアと古代進はどっちが偉いのか？

小泉　あーそうか、そういう切り口でね。そういえばロシアだと大学で軍事教練とかあるんで、卒業する前に男子はなんらかの予備役軍事階級を持ってるんですよ。

高橋　予備少尉になるの？

小泉　モスクワ大とか、サンクトペテルブルグ大学とかのエリート大学の学生は、卒業するまでに予備役少尉になります。この10年ぐらいは、いわゆる一般の大学でも軍事教練があって、そっちだと伍長ぐらいになるんですかね。

高橋　エリートの大学のほうが整備されてるわけか、教練が。

小泉　エリート大学の学生は、優先的に有事に現場指揮官になるべしということ。

高橋　貴族時代からの名残ですかね？

小泉　ちなみにプーチンもメドベージェフも、レニングラード大学の出身で、2人とも予備役砲兵少尉なんですよ。

――砲兵！

小泉　そう。母校、現サンクト大にプーチンが訪問した時に、男子学生に「君、軍事講座は何受けてるの？　あ、砲兵？　俺もなんだよ」って言うシーンがあって。あれによってプーチンは予備役砲兵少尉であることが判明するっていうのが（笑）。

高橋　そんな情報が……（笑）。

小泉　若き日のプーチンがあのクッション付き帽子を被らされて、グヴォズジカ[11]にガッショーンと砲弾を装填していた時期がきっとあるんですよ（笑）。あとうちの奥さんのお父さんは、徴兵で軍隊行ってたんですけど、配属先はストロイバット（建設大隊）だったらしいですね。最初だけカラシニコフの撃ち方習って、あとずっと建設現場で働いていたと。フルシチョフの時に、さすがにあまりにも非人道的なんで強制収容所を廃止したんですよ。でも、大量の建設労働者が足りなくなるんです。じゃあもう少し人道的な形で、徴兵した兵隊に建設作業をやらせるか、ということで建設大隊ができた。ロシア帝国からの宿痾《しゅくあ》で、大規模インフラ工事を奴隷労働に頼ってきたんですよね。だから、さすがにやめようって時にも、普通に給料を払って土木労働者を雇うっていうことがどうもうまくできない。

高橋 (笑)。

小泉 だから軍隊にやらせる。

高橋 役割だけ聞くと米軍の陸軍工兵軍団、アーミー・コーア・エンジニアリングみたいに聞こえるけど。

小泉 ある程度それに近いかもしれませんが、もっと役割が幅広いですね。だって僕が住んでいた隣のアパートだって、陸軍の建設大隊が作ったって言ってましたね。

高橋 ミルスペック(軍規格)……。

小泉 本当に普通の街の道路工事とかを、軍隊がやってたんですよ。ボストーチヌイにできた新しい極東の宇宙基地、あれも未払いが続発して。最後にはその給料を払ってくれないから、労働者たちが基地の中の道路標識に「我々の給料」っていう矢印付け加えて。どっちにあんだみたいな(笑)。

高橋 そんなことだから、「ソビエツキー・ソユーズ」の装甲板にクラックが入ってたり、リベットがちゃんと規定の深さに打ち込まれてなかったりするわけか(佐藤大輔『征途』内のエピソード)。

小泉　だってちょっと前まで農奴制の国ですよ。モノ作りの伝統が非常に薄い国で、スターリンの時に急速に無理やり重工業化を果たそうとしたわけです。そこに無理があったんです。

今のXのトレンドが、まるで90年代アニメみたい

――以前『エヴァ』世界の政治体制の話をされてましたよね。

高橋　アスカが『新劇場版』でユーロ空軍のエースって設定だから、欧州統合軍みたいなものが存在するんですかね。

小泉　わかんないのはロシアですよ。

高橋　うん。あの世界、ソ連があって、軍艦もいるのに。

小泉　そういえば、『トップをねらえ！』もソ連だった。空母「オーバー・ザ・レインボー」の奥にスキージャンプがついた艦もいるんですよ。「アドミラル・ゴルシコフ」か「アドミラル・クズネツォフ」が……。

高橋　もしかしたら「遼寧」かもしれない（笑）。

小泉　佐藤大輔にしても『遙かなる星』の1巻の刊行が95年なんです。で、『エヴァ』も同じく95年とかですよね。あの頃のＳＦに、びっくりするぐらい中国が出てこないですね。存在感が全然ない。Ａ・Ｃ・クラークの『２００１年宇宙の旅』にも当然出てこない。でも、彼の

短編の中には、「この世界は我々が知っているのとは全然違う世界なんだ」ってことを示すために、原子力空母「チェアマン・マオ」ってのが出てくる。

高橋　なるほど（笑）。

小泉　当時は、中国が原子力空母を持ってるなんて、本当ＳＦってすげぇ想像力だよな、とか思ってたのが、本当に作ってるらしいって話ですからね。とうとうＳＦに追いついちゃった。

――小泉さんのＸのポストで「今日のＸのトレンドが、まるで90年代アニメみたい」っておっしゃってましたよね。

小泉　だって『ガサラキ』みたいな世界じゃないですか。ヘッドラインだけ見てると。20年経ってみると本当になってるんで、人間の想像力ってすごいなと。

高橋　『ソードアート・オンライン』なんかね、設定上始まったのが２０２２年で、クリアされて全員が解放されたのが、たしか２０２４年の11月。

小泉　『攻殻機動隊』の笑い男事件も、発生してるのが２０２４年ぐらいのはずなんですよ。

――『攻殻』世界もわりとソ連強いですよね。

小泉　みんなあれがなくなると思ってなかったし……。内実があんなグズグズだということもあまり知られていなくて。もっとすごいおっかない超大国だと思われていたわけですよね。当然、『攻殻機動隊』の世界のソ連でも、バイオテクノロジーとサイバーが融合した世界ができている。でも、実際はそれどころじゃない。ソ連時代の「エストニア・ソビエト社会主義共和国」は、電話普及率30パーセント（笑）。サイバー以前に電話さえないみたいな世界だった。

高橋　ライス（元国務長官）とゲーツ（元国防長官）が反省を述べてましたよね。ゴミ収集システムや社会システムがワークしてないことは、当時も知ってた。そういうものをワークさせられない国が軍事的に強いわけはなかったのに……って。エビデンスはあったのに、気づかなかった。

小泉　アンドリュー・マーシャル[12]が、「ソ連の統計を信じるんだったら、ソ連の労働者ひとりあたりの生産性がアメリカの4倍なければおかしい。ソ連人全員がスタハノフ[13]にならないかぎり、こんなことありえない」って、70年代には指摘していたんですよね。だからソ連とは、何十年か軍拡競争すれば勝てるという見込みをアメリカの戦略家たちはうっすら持っていた。それで言うと、おそらくアメリカは中国が本当に怖いっていうか、気持ち悪いんだろうと思います。中国の経済や産業、そして社会システムが、比較的健全だから。

高橋　さっきの佐藤大輔の歴史改変みたいな話で、ちゃんと国を強くしてからアメリカに挑んでる。

小泉　まず人民を豊かにして、おもちゃみたいなものから最先端までの裾野の広い工業を作ってから挑戦しにきてる。アメリカには「いや、こいつは長引くぜ」っていう気持ちがあるんでしょうね。

高橋　ただ同時に、日本のクリエイターの中にあるなんとなくの、「アメリカは敵として語ってもいいんだ」みたいな空気。でも中国は敵として語れない、っていうのは、感じますよね。『ソードアート・オンライン』でも、アメリカの軍事産業のエージェントみたいな形で、ＮＳＡ（米国家安全保障局）が日本側の最先端のフルダイブ技術を潰しにくるんですよ。そこで米軍も関わってくる。今そういうストーリーは、どちらかというと中国のほうがより自然なのに、ある種のバイアスや、こっちのほうが話しやすい、敵にしやすいって空気は感じます。

小泉　『機動旅団八福神』というマンガがあるんです。ちょっととっつきにくいマンガではあるんですけど、日本が中国の属国みたいな状態になってる話で、その日本は米中の間に挟まれて、前線でソルジャーにされている。２０００年代の中国を見たときに、この延長線上で50年経ったら全然違う世界になっている、というビジョンを持てた人はいるんですよ。佐藤大輔作品にはたぶん、『地球連邦の興亡』くらいからやっと中国人が登場してくる。シルキィ（中国系の植民惑星で形成された自治政府）も決してやられ役ではない。それなりにしたたかなキャラとして出てくるので、あのぐらいから佐藤大輔も中国観が変わってったんじゃないのかな。それはおそらく多くの日本人にとってそうだったのでしょう。それ以前って、中国を過剰に理想化するか、まったく無視するか、めちゃくちゃ馬鹿にするかみたいな感じですよね。

――2023年4月、ウクライナのクレミンナで、撃破された状態のドイツのⅣ号戦車[14]が発見されたというニュースがありまして。

高橋　Ⅳ号戦車!?

小泉　ロシア側が？　さすがにそれはガセじゃないかと思うけどな。でもねⅣ号出すくらいだったら、ロシアはT-34がいっぱいあるんですよ、一個大隊編成できるぐらいあるんで、T-34大隊はガチでなくはないかも。

高橋　85ミリ砲積んで。

小泉　そう、85ミリつけて、T34/85で。ただ、この戦争に軍事ブロガーと称する連中がいっぱいわらわら出てきてるじゃないですか。

高橋　ああ、マイ戦車。復元したマイ戦車を……。

小泉　あの人たちは、ただの軍事ブロガーではなく義勇兵なんですよね。だからそういう好きモノがこういうものを持ち込んだ可能性は、なくはないかもしれないけど……うーん。ちな

Andrei_bt
@AndreiBtvt
Strange finding in war - german WW2 Pz. Kpfw. IV
午前2:53 · 2023年10月17日 · 209.5万 件の表示
104
1,556
5,588
566

ウクライナのクレミンナで、旧ドイツ軍のⅣ号戦車が撃破された写真がアップされ、SNSをにぎわせた。

みに高橋さん、宮崎駿のⅣ号戦車救済コンテストには応募しなかったんですか？（笑）

高橋　そんなのがあったの？

小泉　「モデルグラフィックス」で、宮崎駿がⅣ号戦車救済コンテストっていう企画をやって、読者からのⅣ号戦車改造案が寄せられるんですけど、これを宮崎駿がことごとく罵倒して却下してくっていう。「機械的に無理に決まってんだろう！」とか、「そこまで改造するんだったらV号作るわ！」みたいな。

高橋　それ言われるとつらいよね。

自衛隊が反乱する可能性

――ここまでの回で『パトレイバー』の話が一番盛り上がってた気がするんですが、「二課の一番長い日」ってご覧になってますか。

小泉　僕は観てない。

高橋　観てないんだ。遊馬が甲斐っていう首魁《しゅかい》と立ち食いそば屋で出会うんだけど、それを後藤に説明する時、「立ち食いそば、すっげえ食いっぷりで……」って言って、それでだれかわかるんです。

小泉　たしかにその立ち食いそばのシーンだけ、切り取られてネットに転がってて……そこだけは観ました。ちなみになんですけど、僕の友人でとても論理的に物を考える人がいるんですよ。彼と話している時に『パト2』の話になって『2』のしのぶさんが〝女〟なんだよなぁ」と言ったら、「『1』では男なんですか？」って言ってました（笑）。

高橋　そういう意味ではない（笑）。

小泉　逆にその発想よく思いつくよな（笑）。リアル「文字どおり」な理解の仕方をする人には、我々とはまた別の世界の見え方があるのだろうと。

高橋　そうだね……。

小泉　なんか、すごい宇宙を覗いた気がしませんか、その瞬間に。

――「自衛隊の反乱」みたいなテーマの物語は、今あんまりない気がするんですけど。

高橋　刑事モノで自衛隊のクーデターを防ぐっていうのは、ありましたよね。『西部警察』でも自衛隊と言わないけれど防衛隊っていう名前の組織のクーデターを防ぐ話があったと思います。『あぶない刑事』でも劇場版の2作目で。日本のインテリジェンスコミュニティと自衛隊が悪役でしたよね。

――全部警察ですね。

高橋　そう、警察が主役。警察とライバルになりうる強い勢力、っていうことですかね。

小泉　なんか自衛隊というものが、どこにいて何をしている連中かよくわからなかったんじゃないですか。「不気味な実力集団」みたいなイメージだけがあって、阪神淡路大震災以降の自衛隊のイメージとはずいぶん違っていたんじゃないか、という気がします。あと、三島由紀夫事件の記憶がかなり鮮明にあったのでは。一回、本当にクーデターを呼びかけて自決した男がいたわけですからね。2・26もね……あ、僕のおばあちゃん、2・26見てるんですよ。

高橋　ほう。

小泉　当時東京の精神科病院の看護婦だったんですけど、市電が止まってて戻ってきたら反乱だ、みたいなことを聞かされたと。あと、大戦中に病院の屋上で洗濯物を干してたら、キラキラ光る飛行機が見えたと思って、後になってみたら、あれがドゥーリットルの空襲だったらしいという……。1990年代なんてそういう人がたくさん元気でいたわけですから、クーデターというのはわりに生々しいネタだったんじゃないですか。

高橋　創作上のネタにはなりえた、っていうことでしょうね。でも『パト2』だってクーデターを起こしてないわけで、まさに後藤さんの、「それは不平や不満はあるでしょうけれども……」っていう。

小泉　そうですね。あれはいい言葉ですよ。不平や不満はあるでしょうけども、でも大人はそこで暴れないのよ、っていうね。それで言うと、さっき出てきた『シビル・ウォー』の監督はイギリス人ですよね。『博士の異常な愛情』のキューブリックもイギリスに長く住んだ人で、作中でもアメリカの将軍が妄想に取り憑かれて変になっていることに最初に気がつくのは、イギリスの連絡将校なんですよ。アメリカがおかしくなったら、まずイギリス人が警告する。『シビル・ウォー』、ぜひ高橋先生に観てもらって評価を聞きたいです。

高橋　今言いたいこといっぱいあるけど、ここ数カ月ずっと黙ってます（笑）。

――ああいうことは起きうるんでしょうか。

高橋　冷戦も終わったし、ロシアはウクライナに侵攻したし、なんでも「ネバー・セイ・ネバー」なんでしょうけど。でもほんと後藤さんみたいな感じですよ。今の米軍に武力を行使して政府を転覆するような不満があると思いますか、ってことじゃないですか。

ChatGPTの哲学的ゾンビ問題

――松本零士の「戦場まんが」シリーズで、松本キャラが「ボタンひとつで戦争する時代が来たら嫌だ」とか、よくつぶやいています。

高橋　ミサイルって無人兵器なんですよ。皆さん、ミサイルとドローンって区別しがちですけど。だからある意味ボタン戦争なんですよ、ずっと。50年近く前に言われた言葉ですけどね。

小泉　ちなみに以前の広辞苑に「ボタン戦争」って言葉が載ってました。

高橋　おお。載ってたんだ。

小泉　90年代とかのアメリカのあのすさまじいエアパワーを目のあたりにした時に、すべてがボタン戦争になるというふうに思われたけど……。

高橋　アメリカはそれを目指したんですけどね、少なくとも。

小泉　でも、今回のウクライナ戦争とかを見ていると、最後は結局、兵隊さんが鉄砲持って突撃していくわけじゃないですか。古い戦争のモードと新しい戦争のモードが重なり合いながら、ある特定の「戦争の貌」を作るんだろうなと。

高橋　この種の何か、ミックスされたハイブリッド戦争みたいなものって、あまり創作で僕は思いつかないんですよね。もうちょっとハイテクはハイテクに振れていくっていうか……。

小泉　今のロシアとウクライナの戦争って、あれアニメにしたらめちゃめちゃレビューが荒れそうな感じがします。「21世紀にこんなのやるわけないだろ pgr」みたいな。

高橋　『西部戦線異状なし』みたいな塹壕から、RPV（無人機）を操縦して攻撃をする。

小泉　「監督馬鹿すぎ～」みたいなことが書かれて。

高橋　佐藤大輔の『地球連邦の興亡』の回想シーンみたいなところで、最前線の塹壕戦みたいなものが描かれていたような気はする。

小泉　一方で、電波でずーっと地球を観察してた宇宙人が、巨大ミッキーマウスとか巨大セーラームーンで攻めてくるって……（笑）。

高橋　最初に広がってったのが『ファンタジア』だからっていう。

小泉　〝ドタ靴を履いた巨大ネズミ〟って書いてあって（笑）。

――アシモフが想定していたロボット三原則[15]の未来の先に僕たちはいないんですね。

高橋　『２００１年宇宙の旅』でＨＡＬが暴走するじゃないですか。これが『２０１０年宇宙の旅』で種明かしがされる。「乗組員に『なぜ木星に行くのかを隠せ』」と言われて、でもコンピュータはウソをつけないから、隠すためには殺さなきゃいけないので殺したって話ですね。でもじつは最近、「コンピュータがウソがつけないっていうのは〝ウソ〟だった！」というのがChatGPTでわかった（笑）。コンピュータはウソをつく。というか、ウソをつくという「意味」がわからないから、ウソか本当かわからないんですね。

小泉　アルゴリズムに忠実なだけなんですね。あれは。

高橋　これから先またちゃんと「意味」がわかるコンピュータになったら、ＨＡＬ９０００のこの話は実現するかもしれないけど、今の段階ではコンピュータはウソをつけるから、今のテクノロジーでＨＡＬ９０００を作ってもボーマンとフランク（乗組員）は殺されない。

小泉　ChatGPTって、すごくまともな受け答えしてくるじゃないっすか。表面上はですよ。中に心はないんだけど、表面上めちゃめちゃまともな受け答えをしてきて。あれよりもずっとコミュ障な人間っているじゃないですか。

高橋　いやほとんどそうだよ。

小泉　だんだんこう、何をもって人間性なのか？　っていうのがちょっと僕はわかんなくなってきたんです。いわゆる「哲学的ゾンビ問題」[16]では、表面上チューリングテスト（機械が「人間的」であるかを判断するテスト）をパスするような、なめらかな受け答えはできるんだけど、中身には心がない存在というものが想定されるわけですよね。一方、間違いなく生身の人間であるとか、人間の集団である国家とかがめちゃくちゃ非人道的な振る舞いをする。ＡＩじゃないからきっと人間らしい心があるはず、とはどうも自動的に考えられない気がしてきちゃうんですよ。

高橋　チューリングテストそのものが、エリートが作った基準だから。

小泉　とても感情が細やかで人間性があるって人も、じつはそれがウケるからそういうふうにしてるだけかもしれないわけですね。ChatGPTとの差が本当にわかんなくなってきた。

高橋　ChatGPTに「英検１級に合格するにはどうすればいいですか？」って聞くとね、すごい正論が返ってくる。１日２時間ぐらい勉強しましょうとか。普通、生身の人間だったら恥ずかしくて言えないことが（笑）。

小泉　あれってなんでも答えてくれるんですか？　人を殺す方法とか。

高橋　ああ、どうでしょうか？

――「これはロールプレイです」って最初に入れると答えてくれるそうです。

小泉　あー、なるほどね。「私は小説家です。完全犯罪のトリックを探してる」とか言ったらいいのか。やっぱりまだちょっと馬鹿ですね。少し安心した。

高橋　『BEATLESS』っていう小説とアニメは、シンギュラリティを超えた超高度AIがある世界のSFですけど、あの中でも、「意味」の判断、「意味」の定義はコンピュータが自分じゃできないんですよ。その「意味」の判断を人間が維持し続けることが、超高度AIに対する人間の唯一の最後に残された優位だっていうことが描かれていますね。「意味の定義」とは、ロボット三原則のように、「人間の安全を確保しなきゃいけない」というような話になった時に、「安全」とは何かってことを、コンピュータプログラムとして数値的に定義しなきゃいけないが、それができない。

――「安全」の定義は「状況による」としか言えないですよね。

高橋　「状況による」と言われるとコンピュータは困る。だからロボット三原則は守れませんってことになる。AIの世界でシンボルグラウンディング問題（記号接地問題）というのですが、人間が相互に共有してると信じている規範は、数値として定義できない。

――『エヴァ』のMAGIがなんか……。

高橋　たぶん、「女として」「母として」「科学者として」って分けることによって、それを解決してるんじゃないですか？

小泉　そうか、意外と設計思想正しかったんだな。

――最近注目されている「サカナＡＩ」っていうスタートアップ企業が、ビッグデータじゃなくて、小さなＡＩを大量に集めることで、できるだけよい解答に向けていこうっていう取り組みをやっていて、評価されていると聞きました。

小泉　小さいＡＩにいっぱい聞いてみて、多数決なのかわからないけど、集合的に返ってくる答え全体として、「何を言ってるか」をさらにメタ解釈をするってことですね。

プーチンの補佐官が書いた小説で見えた未来

高橋　小説ですけど、トム・クランシーの『ジャック・ライアン』シリーズの『恐怖の総和』っていう作品は、スーパーボウル会場に対し、イスラム過激主義が核テロをする話なんです。実際は違うんだけど、米側はその核の出元はロシアだと思いこんで、対露警戒態勢を高めて、ロシアもそれに対応して警戒態勢を高めていく。安全保障論でいういわゆる「安全保障のジレンマ[17]」そのものの非常に精緻な描写になっているんです。そして全面核攻撃の寸前になる。しかし、ＣＩＡ副長官のジャック・ライアン（シリーズの主人公）がロシアの大統領と直接話をして、大統領がライアンを信じることにする。「でもそうすると我々の報復能力が半分になります」ってライアンを個人的に知るＫＧＢ議長が言うんですが、「半分では足りないのか」っていう台詞で返すんですよ。「いや、十分です」と。それを見て米側も下げていくっていう。これはすごいよくわかっている描写だな、と感じました。

小泉　危機時のエスカレーションと、エスカレーション緩和。半分でもだいぶあるし。

高橋　そうね。当時まだ「ＳＴＡＲＴⅠ」（戦略核兵器削減条約）に入るか入らないかですから、５０００発持ってるわけです、最低でも。

小泉　２５００発にしても、今の米ロの配備核弾頭よりなお１０００発多いですからね。冷戦期のトム・クランシーの筆致は神がかってましたよね。

高橋　自分が業界の中に入ってしまうと、ちょっと我慢できない部分もあるんだけど。

小泉　今のあれでいうと、ジェフリー・ルイスの[18]『（２０２０年・）米朝核戦争』。ものすごい取材をしていて、核戦争ってこんな感じで起こる、というのをすごくリアルに描いてますよね。ボタンの掛け違いから始まって、米朝間で数十発、核弾頭を撃ち合う戦争になるんですけど、なんでそれが起きてしまったかっていうことを、そのジェフリー・ルイスっていう先生が、事故調査委員会の委員長として、事故報告書をまとめてるって体裁なんですよね。すごく淡々と話が進んでいくんですけど、そうであるがゆえにめちゃめちゃ怖い。

高橋　ジェフリー・ルイスは作家ではなくて、私たちの同業者で、私も何回も会議を一緒にやったことがあります。ちょっと別のところで書いた話ですけど、『ガンダムSEED』の後半とかも、核兵器対巨大レーザーという構図でエスカレートしていく。「撃たなきゃやられる」っていう形になると、あっという間にエスカレートしてくるんですよね。

――『Zガンダム』もそうですね。

小泉　まさにクラウゼヴィッツ[19]が言うように、「暴力は本質的に無限にエスカレートする性質をもともと持っている」。でも他方で彼は、「ではなぜ、戦闘が停止することがあるか？」ってことにもたいへん関心を寄せますよね。暴力は「増大」という性質を持っているにもかかわらず、しかし戦闘は時に止まる、っていうのは、戦争の根源を描くいいテーマなのかもしれないですよね。

高橋　やっぱり軍事力って道具だから。軍事力の論理だけでは普通はエスカレートしていかないんですけど……。

――人がいるからそういうことが起きるとしたら、ドローンの戦争が当たり前になったら、戦争アニメって成立しなくなるかもしんないですね。

高橋　私はそこは懐疑的です。というのは、戦争する理由があるかぎり、ドローンで戦ってどっちかは負けるじゃないですか。どっちかにドローンがなくなったら、戦争する理由があるかぎり、人間が戦いますよ。

――最後はドローン対人間になるってことですね。

高橋　そうそう。道具は道具でしかないんで。

小泉　ドローン戦争になったらドローン対ドローンになるという保証はまったくない。今のウクライナ戦争はドローンで民間人を狙ったりとか、ドローンで軍事行動を叩いている。ドローンの時代になったらドローン同士で戦うと想定する理由があんまりないと思うんです。中国の龐《ホウ》（宏亮《コウリョウ》）さんという人が書いた『知能化戦争』という本だと、これから先はロボット軍隊同士の戦闘になるから大国間戦争の敷居が下がるって議論をしてます。それはそれでおもしろいかもしれない、と思いつつ、でもやっぱりドローンで人間叩くんじゃねえの、とまっさきに思いました。人間が住んでいるところがやられて、人間がいっぱい死ぬとか、生活を支えるインフラが破壊されるということによって、人間は「勝った負けた」ってことを認識するんじゃないでしょうか。南シナ海でロボット化米軍とロボット化人民解放軍が戦っても、その勝敗が持つ意味って正直サッカーの試合の勝ち負けと変わらないじゃないですか。サッカーで中国代表が負けたら、南シナ海を全部明け渡します、で14億人民が納得するわけがない。それと同じだと思うんですよね。

高橋　大昔の決闘みたいに。

小泉　クラウゼヴィッツが「戦争は暴力闘争である」ってしつこく言うのはなぜかというと、

18世紀には、「人の死なない儀式的な戦争で決着つければいいじゃないか」、という議論があったらしいんですね。「もう我々ヨーロッパ人は野蛮な戦争はしないザマス」とか言ってた。それがナポレオンの大陸軍と戦ってみたら、すさまじい勢いで人命を濫費しながらフルスイングで暴力を行使する戦争だった。クラウゼヴィッツの戦争理解は、ここに原点があるわけでしょう。「無人化された軍隊による戦争」という話はこれの焼き直しになるんじゃないか。もちろん、戦争の有り様が一様ではないとは思うんです。フィクションの世界で言うと、森博嗣の『ナ・バ・テア』とか『ダウン・ツ・ヘヴン』とか、『スカイ・クロラ』のシリーズですね。

――アニメは押井さんですね。

小泉　『スカイ・クロラ』シリーズって、戦争がショー化されてる世界ですよね。〝ショーとしての戦争〟みたいなものは昔もあったし、これからもないとは限らないと思います。あとプーチンの補佐官だったウラジスラフ・スルコフって人が、２０１４年の春に短編小説（『Без неба』）を書いています。彼はじつは小説家でもあるんです。ナタン・ドゥボヴィツキーっていうペンネームで。

――そんな人いるんですか。

小泉　その小説は、第5次世界大戦だか第6次世界大戦をやってる世界なんですよ。なんだけど、この戦争においては戦ってる勢力の戦う目的が全部バラバラなんです。「ショーとしてやってるテレビ局に後援された戦争」があるかと思えば、「変な宗教団体が自分たちの信仰を広めるためにやってる戦争」もあり、「過激な性平等主義者の超ラディカル戦闘的フェミニストみたいな連中がやってる戦争」があり、単に「村同士の境界線をめぐるつまらない争い」もあるみたいに、複数の目的で戦争が行われている。その中では、アテンションを集めて、自分たちの政治的目的が達成できればいいんです。

高橋　クラウゼヴィッツとクレフェルト[20]の、中間くらいだね。

小泉　そうなんですよ。これをプーチンの補佐官が書いてくるから、こいつら恐ろしいなと思って。まさにクラウゼヴィッツとクレフェルトの間、あるいはメアリー・カルドー[21]みたいなことを小説として描いてくるのが、すごいなと。私はこれから先もクラウゼヴィッツみたいじゃない戦争ってのは、きっとあるんだと思います。

高橋　道具としての戦争ではない。

小泉　そうです。目的として行われてる戦争とか、道具ではあるんだけれども、「国家の勝敗と違うことに奉仕する」道具としての戦争はあると思う。それは『スカイ・クロラ』の世界とか、スルコフ改めドゥボヴィツキーの小説とかの中でなんとなく予感をされるところがありますね。

註

（１）実際の歴史では、「大和」型は「大和」「武蔵」の2隻のみ建造され、三番艦「信濃」は空母として完成した。

（２）超「大和」型戦艦には、「紀伊」と「尾張」という艦名が予定されていたとも言われる。

（３）実際の「Ⅷ号」戦車として、「マウス」が開発されている。

（４）日本が開発を計画した大型爆撃機。中島飛行機社長の中島知久平が立案。

（５）本能寺で暗殺されなかった信長が日本を平定し世界を目指す仮想戦記。『逆転・信長軍記』『信長新記』など出版社が変わる度にタイトルは変更され、現在では『信長伝』として中央公論新社より刊行されている。三州公（徳川家康）が最後の突撃を敢行するシーン以降は書かれていない。

（６）日本における国際政治学者の草分け。歴代首相のブレーンを務めたことでも知られる。テレビのコメンテーターとしても活躍。１９９６年没。

（７）ホーカー・シドレーハリアー。世界初の実用ＶＴＯＬ機。ヘリと同様クラスのスペースで運用可能なため、米海兵隊では近接航空支援用の攻撃機として採用。ＡＶ－８Ｂはマクダネル・ダグラスで全面改設計した発展型でハリアーⅡと呼ばれる。

（８）スホーイが開発した第五世代ステルス戦闘機。数十機が生産されている。

（９）『機動武闘伝Ｇガンダム』に登場する、ガンダム同士の格闘戦。

（10）カーネル・サンダースは、16歳で年齢詐称して入隊し、一兵卒のまま翌年除隊。〝カーネル〟はケンタッキー州より、州の料理への貢献が評価されて贈られた名誉称号。

（11）２Ｓ１グヴォズジカ１２２ミリ自走榴弾砲。１９６０年代に開発が始まった砲だが、現在も旧東側諸国などで使われている。

(12)　アンドリュー・W・マーシャル。米国の国防官僚。40年以上にも渡って国防総省総合評価局の局長を務めた伝説的人物で、〝国防総省のヨーダ〟と称された。

(13)　アレクセイ・グリゴリエヴィチ・スタハノフ。ソ連の炭鉱労働者。１９３５年、ノルマの14倍にも及ぶ石炭を掘り出したとして生産性向上運動「スタハノフ運動」のシンボルとなった。

(14)　第二次世界大戦期に活躍したドイツ軍戦車。ドイツ軍でもっとも生産された戦車と言われる。

(15)　アイザック・アシモフが、『われはロボット』で提示したロボットの行動規範。第一原則「ロボットは人間に危害を加えてはならない」、第二原則「第一原則に反しない限り、人間の命令に従わなくてはならない」、第三原則「第一、第二原則に反しない限り、自身を守らなければならない」。

(16)　普通の人間にしか見えないふるまいをするが、内面的には意識を持たない人間は、人間であるかという思考実験。

(17)　自国の防衛を強化する行動が、相手国にも同様の行動を促し、双方が望まないのにもかかわらず、結果的に戦争につながるような緊張状態に拡大してしまう状況のこと。

(18)　国際政治学者。ミドルベリー国際大学院モントレー校ジェームズ・マーティン不拡散研究センター長。核不拡散の世界的権威で、イラン、北朝鮮、中国などの核計画を知悉。核問題に関する提言を行う。

(19)　カール・フォン・クラウゼヴィッツ。『戦争論』などの著作で高名な軍人にして、軍事学者。

(20)　マーチン・ファン・クレフェルト。イスラエルの軍事学者。戦争は利益のためでなく、人類自身が生理的に行うものであると説く。

(21)　イギリスの政治学者。『新戦争論』などの著書を持つ。

おわりに

小泉　悠

本書に収められた対話がそれぞれ2時間ほどである、ということは「はじめに」で述べた。アニメの話でよく2時間も話がもつものだと我ながら思う。だって、ほぼ飲み会1回分の時間だ。最初から最後までずっとアニメの話だけで座がもつのは、よほど重度のアニメオタクの飲み会だけであろう。普通は途中で別の方向に話が流れるはずではないか。職場の愚痴とか猫自慢とかに、だ。

「じゃあ、つまりあんたらが『よほど重度のアニメオタク』なんじゃないんですか」と言われると、半分は当たりである。当人たちがなんというかはわからないが、高橋と太田は私の目から見て間違いなく「よほど重度のアニメオタク」だ。とにかくなんの作品が出てきても、この2人からは無限に関連知識が湧き出てくる。2人だけでどこかの小部屋に閉じ込めておいたら命が尽きるまでアニメの話をしているのではないかと思う。

一方、本書の登場人物たちを代表してこの文章を書いている私（小泉）は、さほど熱烈なアニメファンというわけではない。オタクであることには違いはないのだが、自己認識としては軍事オタクとしてのそれのほうがアイデンティティの核にある。何より、アニメの新作はもうずいぶん長いこと観ておらず、最新のアニメの話になるとまったくついていけない。過去の名作についても同様だ。したがって本書をよくお読みいただくとわかるとおり、アニメそのものについて熱く語っているのは主に高橋と太田であり、私はわりと聞き役に回ることが多かった。

この点は、メントラインにとってもある程度まで同じだったのではないかと思われる。彼女もまた、アニメは嫌いではないはずだが、「よほど重度のアニメオタク」かと言われればおそらくそうではない。というか、高橋と太田が重症すぎるために、たいていの人は軽症に見えてしまう、という現象であるような気もする。いずれにしても本書は、アニメオタク重症組とアニメオタク軽症組の対話という構造を持っている。

ただ、軽症組もまったく受け身であったわけではない。小泉とメントラインが『エヴァ』で盛り上がっている様子からも明らかなとおり、我々にも思い入れのある作品というものはある。また、第6章で取り上げた佐藤大輔作品については、小泉（自分だが）が延々と演説めいた話をする場面もあり、我ながら気持ちの悪い情熱が活字の間からじっとりと伝わってくるようであった。

また、私たちがアニメや特撮や仮想戦記について語るときには、いつの間にかそこに仮託された何か別のものについて語っているというパターンが多いようだ。『ゴジラ』に投影された「戦後ニッポン像」というテーマは、本書に限らず繰り返し語られてきたものであろう。では

『エヴァ』の中の日本は？　佐藤大輔ワールドでは？　ドイツから見た日本は？　と、私たちの話は果てしなく脱線していく。アニメをきっかけとしたサブカル風時事評論集として本書を読むこともできるだろう。

　ここで生きてくるのが、本書に登場する面々の多彩さだ。防衛研究所の幹部と朝日新聞の記者と東大の研究者、あと「職業はドイツ人」とその夫。それぞれの生活や職業の延長線上に自然と集まった、ということはおよそありそうもない面子である。実際、本書で取り上げられる作品についてはそれぞれの観点からじつにユニークな反応が出て楽しかった。知る人ぞ知る蘊蓄が傾けられ、賛否が分かれ、あるいは大いに意気投合する。この座組みを思いついた文藝春秋社の見識はまったく見事なものと言わざるをえまい。

　他方、本書に対して「不謹慎」という印象を持った方もおられるのではないかと案じている。私たちの対話がアニメから別の何かに流れていくとき、その落ち着き先は戦争や軍事に関連した何ものかである場合が圧倒的に多い。しかし話の出元はアニメやマンガだから、なあんとなく軽めのノリでそうした話題が語られる、という場面が本書にはたしかに多かった。少なくとも、公的な場での語りとはずいぶん雰囲気が違ったことはたしかであろう。

　ただ、戦争や軍事に関するこの二つの語り口（公的な語りとアニメ話から派生した語り）は、第二次世界大戦後の日本にずっと存在してきたものであるようにも思うのだ。表立ってはそんなふうに語ることがはばかられるけれども、でも存在している語り方。「おっ、雪だ」「クーデターか？」「陸上自衛隊の信頼のおける部隊が出動するのか？」みたいな話だ。それは不謹慎であり、適当でもあり、特にどこにも行きつかない会話であるのかもしれないが、我々日本人と戦争の間にそのような接点のあり方が存在していたこと自体は否定できない。本書は、そうした語りの記録という側面も持っている（のじゃないかな、と思う）。

文春新書

1480

ゴジラ vs. 自衛隊《じえいたい》

アニメの「戦争論《せんそうろん》」

2025年1月20日　第1刷発行
2025年2月10日　第2刷発行

著　者　小泉　悠　高橋杉雄
　　　　太田啓之　マライ・メントライン

発行者　大　松　芳　男

発行所　株式会社　文　藝　春　秋

〒102-8008　東京都千代田区紀尾井町 3-23
電話（03）3265-1211（代表）

印刷所　理　想　社
付物印刷　大　日　本　印　刷
製本所　大　口　製　本

定価はカバーに表示してあります。
万一、落丁・乱丁の場合は小社製作部宛お送り下さい。
送料小社負担でお取替え致します。

ISBN978-4-16-661480-6